求是青年范儿

梁 艳 / 主编

ZHEJIANG UNIVERSITY PRESS
浙江大学出版社

图书在版编目（CIP）数据

求是青年范儿 / 梁艳主编. —杭州：浙江大学出版社，2022.1
ISBN 978-7-308-22027-9

Ⅰ.①求… Ⅱ.①梁… Ⅲ.①浙江大学—校友—生平事迹 Ⅳ.①K820.7

中国版本图书馆 CIP 数据核字(2021)第 237993 号

求是青年范儿

梁　艳　主编

责任编辑	徐　霞	
责任校对	王元新	
封面设计	姜美成　杨旭华	
出版发行	浙江大学出版社	
	（杭州市天目山路 148 号　邮政编码 310007）	
	（网址：http://www.zjupress.com）	
排　　版	杭州青翊图文设计有限公司	
印　　刷	杭州宏雅印刷有限公司	
开　　本	710mm×1000mm　1/16	
印　　张	16	
字　　数	305 千	
版 印 次	2022 年 1 月第 1 版　2022 年 1 月第 1 次印刷	
书　　号	ISBN 978-7-308-22027-9	
定　　价	49.00 元	

编 委 会

序

"请党放心，强国有我"的青春誓言，"敢闯会创"的青春力量，"我是党员，我先上"的青春誓言……这些难忘的青年故事，让我们看到了可信、可爱、可为的青年一代，深刻感受到了蓬勃向上的"青年范儿"。

党的十八大以来，以习近平同志为核心的党中央站在党和国家事业发展薪火相传、后继有人的战略高度，关心青年成长进步，对青年一代寄予殷切期望，寄语青年要"树立远大理想、热爱伟大祖国、担当时代责任、勇于砥砺奋斗、练就过硬本领、锤炼品德修为"。

习近平同志在浙江担任省委书记期间，曾来到浙大给同学们作形势政策报告，勉励同学们发扬光大作为浙江精神重要组成部分的浙大"求是精神"。回溯1936年，在中华民族生死攸关的时刻，时任浙江大学校长竺可桢在开学典礼上对所有浙大师生提出了影响深远的"求是二问"："诸位在校，有两个问题应该自己问问：第一，到浙大来做什么？第二，将来毕业后做什么样的人？"

无数老一辈浙大人用自己的一生交出了答卷。他们中有宁死不向敌人透露半点情报的于子三烈士，也有全军挂像英模林俊德院士，还有为国隐姓埋名17年王淦昌院士，获得中国六大顶级荣誉的程开甲院士……"以天下为己任、以真理为依归"，这是老一辈浙大人对"求是二问"最赤诚的回应。

精神赓续，薪尽火传。在两个一百年历史交汇之际，求是学子如何在时代格局之下锚准历史方位，是必须要回答且必须回答好的问题。作为新生代优秀青年代表，浙大学子不仅是学术科研人才，更是立志为中国特色社会主义奋斗终身的栋梁之才。

为更深入宣传在校优秀大学生的先进事迹，展现充满理想、大有可为、值得信赖的新一代大学生的精神风貌，激励广大在校学生在新的历史时期立志成才、报效祖国，浙江大学团委联合党委宣传部组建了学生团队，对在学习科研、创新创业、文化艺术、体育竞技、志愿服务、基层工作等方面表现卓越的学生进行了采访，对稿件进行整理编纂，形成了这本文集。

当你打开这本书，你会发现洋溢着青春风采的新生代求是学子向你迎面而来。作为对"求是二问"的时代性回应，文集中既有逆境突围的故事，也有霍然顿悟的心路历程，既刻画了潜心静虑式的科研探索，亦深描了赤诚为国的忠诚担当。他们的故事生动演绎了浙大人"公忠坚毅、能担大任、主持风会、转移国运"的自我要求，展现了浙大人"勤学、修德、明辨、笃实"的核心价值观，为当代青年进步发展提供了经验参照、精神支撑、道路指引。

作为一名阅读爱好者，我深知读书不仅仅在于知道一些信息，更在于从中发现、界定、塑造自己。亲爱的同学们，切莫轻言"躺平"，亦不能随波逐流，世间千万条路径之中总有最为适合自己的那一条道路。阅读这本书，你能与优秀学长对话，同时邂逅更加优秀的自己。我相信你们在其中一定会有所体悟、有所作为！

浙江大学党委副书记　邬小撑

目　　录

第一章 求真致知

他们是来自各院系醉心学术、求真致知的学霸，"兴之所至，心之所安"，对科研与学习的热爱，支持他们向着梦想的方向不断前行。他们直面风险挑战，以坚韧不拔的意志和无私无畏的勇气战胜前进道路上的一切艰难险阻，务实求学，存世去非。

黄子瑶凭借独特"记笔记"方法，斩获浙江大学首届最美笔记大赛特等奖；金竹坚信"幸运的背后是不轻易言败的坚持"，成功在国际顶刊 *Science* 上发表一作文章；齐俏怀揣为中国无线通信事业添砖加瓦的梦想，两年发表 14 篇论文；宋超及其团队在追求物理学真理的路上狂奔，两次刷新世界纪录；孙书剑持续工作四天四夜，完成浙江大学皮星二号的研制任务……

他们在最好的年华里，以天下为己任，以真理为依归，在"勤学、修德、明辨、笃实"的浙大人共同价值观的引领下，在"海纳江河、启真厚德、开物前民、树我邦国"的浙大精神的鼓舞下，用奋斗描绘青春的底色，在成长中注入拼搏的精气神。

2016级金融学试验班:这个班级的优秀成绩单

■ 班级名片

　　浙江大学金融学试验班以培养基础厚实、知识面宽、思路开阔、具有创新精神和国际视野、符合全球化时代要求和中国现代化建设需要的高级金融专业人才和优秀科研后备力量为目的,自创办以来向社会输送了数百名高水平专业人才。2016级金融学试验班有11名同学顺利保研,12名同学拿到麻省理工学院、哥伦比亚大学等世界名校录取通知书。

　　11名同学顺利保研,其中6名同学保送清华大学、北京大学等国内著名高校,12名同学拿到麻省理工学院、哥伦比亚大学等世界名校录取通知书。2016级金融学试验班(以下简称金试班)能够取得这样的成绩并不令人感到意外。

各司其职,共营和谐氛围

　　从高冷有距离感的大佬到优秀随和的段子手,一起相处了四年,金试班的同学们对彼此的印象发生了较大的改变。

　　大学班级不是纯粹机械的组合。团支书汤舒雯用"情感的出路口"来形容大学班级之于她的意义。有别于初高中的集体生活,独处是大学生活的常态。大学班级是既松散又结合的存在,保留了同学们独处的权利,尊重每个人个性化的发展,也能够为偶尔的孤独心情提供几分慰藉,记录拥有集体感的时刻。

　　"当一个人倾注了一定的心血的时候,才会去珍惜,就像小王子的玫瑰。有倾注才会有投入感,因此每一位同学都需要学会为班级付出。"而要做到这一点,在班长方艺璇看来,首先需要每一位同学都能够把自己视为班集体的一员。因此,营造团结有爱的班级氛围就成了班级建设中的重中之重。在每一位同学生日当天以班级名义送上小礼物,在节假日送上温馨祝福,发送近期校园生活中的注意事项……班团干部在点滴生活中积极地承担起班级建设的任务。

"服务意识"几乎是金试班每个班团干部都在强调的一点。班团干部就像是班级凝聚力机器上的一颗颗螺丝钉,虽小而不可缺少。中秋节发月饼,蹲点抢开班会用的教室,传达学院的通知……班团事务具有突发性和琐碎性,在每一件事务的处理过程中,金试班的班团干部们慢慢找准了自己的定位,努力做好同学和老师之间沟通的桥梁和纽带。"但这还不够,班团干部必须具有主动为班级同学服务的意识,才能凝聚起班级的力量。"正是在这种服务意识的引导下,金试班的班团干部们积极筹办各种大小活动,日租团建、联谊舞会、各式班会、聚餐游戏……从专业学习、课外实习到情感问题、八卦话题,通过大大小小的活动和聚会,金试班逐渐成为一个紧密团结的集体。

金融学试验班同学合照

正如汤舒雯所说,"一个具有好的凝聚力的班集体,也提供了班级学习的动力和势头",和谐融洽的班级氛围成了金试班同学积极向学的助燃剂。

合作竞争，彼此成就

金融学试验班创班以来强调理论与实践能力的全面发展，既重视理论研讨也关注实务问题。在完善的教育体系和结构下，金试班的同学格外重视实习和学业的兼顾。而作为一个班集体的组成部分，金试班的同学在课内学习和课外实习中都不是孤立的个体。对于他们而言，合作和竞争是学习生活中的常态。

"我们以前有上午第 3、4、5 节和下午第 6、7 节连着的课，大家几个小伙伴互相之间会分工，一半人去下午上课的教室占座，一半人去打饭，这样既能快点吃上饭回去休息上课，又能坐前排。"课间及时交流知识点；期末约同一幢楼同学自习解决困惑；考试时间紧迫而任务重时，分工整理复习资料并一起分享；一起写论文，一起做项目，组队参与 SRTP、建模、商赛、省创、国创；在保研考研过程中共享招生信息，分享面试经验，互相进行模拟面试……在金试班同学的学习生活中，合作的占比远远大于竞争。

"毕竟一个人能够了解的信息总是有限的，和同学们交流可以增加不同视角。"副班长卢逸雯这样阐释她对于合作的思考。事实也证明，众人拾柴火焰高，合作的力量总是大于个人的。金试班的同学们积极合作参与各类学术竞赛和创新创业比赛，且收获丰硕，在浙江省大学生英语演讲竞赛、中国"互联网＋"大学生创新创业大赛、"挑战杯"全国大学生课外学术科技作品竞赛、"创青春"全国大学生创业大赛、美国大学生数学建模竞赛、"外研社杯"全国英语演讲大赛等比赛中都获得了出众的成绩。

"决定各人走向的是绝对水平，而不是身边周遭人的相对水平。"论及竞争，方艺璇特别指出了良性竞争和恶性竞争的差别，恶性竞争并不会带来实质性的提升，而良性竞争是双向有益的驱动力。卢逸雯表示很难举出一个具体的事例来阐释和概括同学们的竞争状态，因为"竞争中一起进步在我们班来说是常态，可以说是贯彻在大学四年的方方面面"。良好的竞争意识，使得 peer pressure（同辈压力）也成为金试班同学们积极进步的动力。

友好互助与良性竞争并行，在金试班积极向上的学习氛围中，班级同学的学习精神状态也得到了鼓舞与提升。

尽职尽责，做好引路人

在选择未来方向和实现人生目标的前进道路上，金试班的同学们并肩前行，而班主任张小茜老师则是他们的引路者。

"操心的大家长",这是金试班同学们对于班主任张小茜老师的共同印象。亲自主持班委选举,参与每一次班会……张小茜老师为提高同学们的班级活动参与度、增强班级黏合度做出了很多的努力。张小茜老师对自我要求较高,做事认真而负责,因而对同学们的期望和要求也相对严格。然而也正是在这样的严格中,金试班的同学们养成了良好的学习和生活习惯。

金融学试验班同学与班主任张小茜老师一起爬山

"如果用一句话概括班主任工作的话,我觉得那应该是在黑夜中高擎火把的引路人,"张小茜老师说道,"孩子们进入大学后普遍会感到迷茫和不知所措,这时候更需要好好引导,为他们指明方向。"除了以自身经历来激励同学们之外,张小茜老师也经常邀请优秀学长学姐进行经验分享,解决同学们在学业规划方面的问题。

在专业建设上,张小茜老师也是金试班同学们有力的支持者。"我希望同学们的眼光可以放长远一些,要做一个有格局的人。"定期参加研讨是金试班的保留项目。"科研是没有捷径的,多读多学多思才能进步。"通过参与讲座,阅读文献,解读论文,张小茜老师希望能够培养起同学们对于科研的兴趣和综合素养,为后期的升学深造夯实基础。

"张老师对我们学习的要求比较高,而且以身作则,大家的学习态度也变得越来越认真严谨。"张小茜老师的一系列努力助推了金试班积极向上的学风。

师生齐力,和谐互助,合作竞争,金试班的同学们彼此成就。散为满天星,互道珍重后重新出发,金试班的同学们在追逐的路上稳步前行。

原文字记者:浙江大学微讯社　章其涛
人物稿修订:姚冰欣(补充采访,整合删改)

杜禹侃、丁天逸、李渠、覃竞畅：
1＋1＋1＋1＞4，学霸寝室的精彩

■ 人物名片

　　杜禹侃、丁天逸、覃竞畅、李渠，浙江大学电气工程学院 2017 级本科生。四名男生在共性中互相鼓励，在差异中彼此充实。最终，他们共同成就了一个浙大保研学霸寝室——杜禹侃直博电力电子专业，丁天逸直博电气控制方向，覃竞畅攻读计算机硕士，李渠攻读集成电路制造方向硕士。

　　和大家印象中学霸们独来独往、埋头苦干不同，杜禹侃、丁天逸、覃竞畅、李渠四位学霸一起学习、一起生活，把寝室的集体生活过得有滋有味还有爱。除了良好的学习习惯和优秀的学习成绩，他们的课余生活也丰富多彩。在辅导员李济沅看来，他们是那种相互带动的优秀："都不随大流，每个人都有自己的想法和独立的见解，最后一同成长，各自精彩。"

保持良好的习惯成为取胜关键

　　在四位男生中，杜禹侃学的是电子信息工程专业，其他三位的专业则是自动化。他们在大二全部加入了爱迪生实验班，不仅实验比其他同学多，实验内容也相对难一些。杜禹侃说，因为平时都要做爱迪生班的实验，整个寝室也会约定好，实验如果做到凌晨，就大家一起回宿舍，"有时候饿了，我们还会骑着单车去学校旁边的街买缙云烧饼一起吃"。

　　其实，四个人在大学期间并不经常约着自习，基本都是按自己的时间各自规划学习,但他们都保持着良好的学习习惯,规划好自己的时间并形成一定的规律,及时对所学做整理归纳,注重课后习题作业,有问题再一起交流解决,做到张弛有度、劳逸结合。

因此,虽然四个人来自天南地北,却没有什么习惯、作息冲突。"大家偶尔会因为竞赛、实验而晚归,白天也需要补觉。但不会有人因此抱怨,大家都互相理解、互相体谅。"杜禹侃说。四年来,大家去浙江美术馆、西湖美术馆看了不少展览,比如越地宝藏、纸上谈缤、古埃及文明展等,在放松身心的同时亲身感受了杭城丰富的历史文化与国际视野。

寝室集体合照(从左至右依次为丁天逸、覃竞畅、杜禹侃和李渠)

各有爱好,"学霸"生活很丰富

四个男生有着各不相同的爱好特征:杜禹侃爱好户外运动,李渠则喜欢唱唱歌、打打乒乓球,丁天逸热爱打辩论,覃竞畅擅长学术难题。

杜禹侃平时喜欢去紫金港校区操场旁的岩壁攀攀岩,他还是浙大凌云户外俱乐部的一员,"一是喜欢攀岩,二可能是身体素质比较好。每年体测我都是满分,引体向上能做40多个"。除了攀岩,他还会去爬西湖边的群山、千岛湖的金紫尖。"跟社团一起去金紫尖,晚上在山上瑟瑟发抖,零下几度一起煮面吃,第二天四五点再起床看日出。"

李渠平日也喜欢运动,他更偏向于乒乓球等球类运动。他会带着其他几位室友去体验乒乓的乐趣,也会与各位相约操场、泳池健身,这些都成了大家比较喜欢的运动。他平时喜欢听听歌、唱唱歌,但比起唱出声来,更倾向于自己轻声哼唱。"顺便一提,我习惯于在写作业前唱几句,以引导自己进入学习状态。"

丁天逸加入了辩论队,从大一开始就活跃在辩论队里。大二加入爱迪生实验班后,他自己打比赛的经历变少,作为教练带新生打比赛成为他的主要任务。"打辩论会让你看问题的角度宽阔很多,一个辩题,明明双方截然对立,偏偏还有话可说,就像生活一样,无数的选择,截然对立,偏偏也各有道理利弊,站在不同角度多想想,最后做个或折中或偏执的选择,挺有趣的。"他说。

覃竞畅偏向于学术型。丁天逸是这么评价覃竞畅的:"我们寝室合作的一些项目,包括爱迪生班项目和其他的竞赛项目,每当碰到一些技术核心难点,都是由他领衔在那边攻关。"

虽然爱好各不相同,但并不妨碍四名男生融洽相处。"我们连续两年都获得了'优秀寝室'称号。"丁天逸说,虽然没有买很多装饰品布置寝室,但在寝室卫生方面大家都相当默契也相当彼此体谅。每周,公寓管理中心的公众号都会推送通知给本周的值日同学,他便会自觉地关注寝室卫生,充当起寝室小卫士的角色。

对于这四年的寝室生活,他们总结:"大家都足够上进,寝室有一个好的进步氛围。虽然每个人性格、爱好都不同,也都很独立,但四个个体都在朝着更好的发展方向努力——这是一件很好的事情。"

压力之下,互相鼓励,并肩进步

保研这段时间,四个人经历了一段压力期。李渠拿到推免名额后,报名学院的电力系统方向,未能如愿被接收。"当时本学院的某专业有直博名额,但感觉并不适合我——那段纠结的日子太难熬了。""杜禹侃陪我去看了实验室,同时帮忙联系别的同学,并打听到微电子学院还有招生名额;丁天逸也来找我一起分析讨论情况。经过一系列的准备工作,我最终顺利地通过了面试。"最后,李渠得到比较满意的结果,"现在的方向是搞集成电路工程、设计芯片这一块"。

覃竞畅之前则在夏令营期间收到过几份国内其他院校的 offer,"但感觉都不太理想,与未来的职业生涯规划不符,所以夏令营期间也全部都拒绝了,全力准备校内的推免"。最后,他选择了本校计算机学院里自己比较感兴趣的计算机系统方向。

回首这段经历,四名男生都有自己独到的见解和建议。覃竞畅提到,保研主要是看大学前三年的成绩,在除去常规的预习、听课、复习之外,还可以参考国内外优秀大学的教学资料,例如教学视频、教材等。而在丁天逸眼里,选择比努力

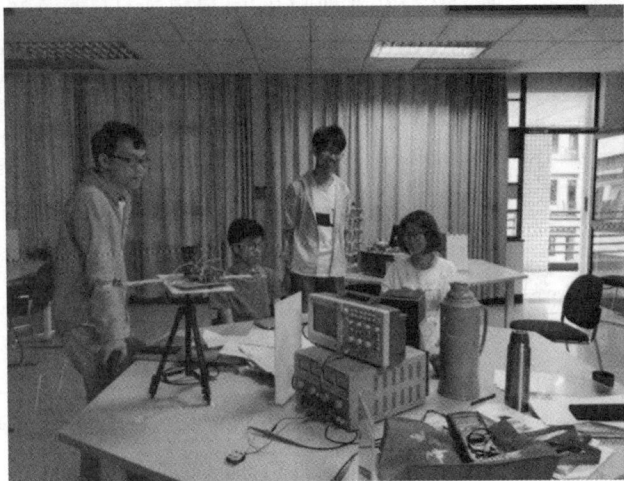
寝室成员在实验室讨论

困难得多,也比努力重要得多。"每个选择要求的能力是迥异的,要尽早做出自己的选择,向着自己的目标锻炼契合的能力"。李渠则强调,在大学期间一定要保持对未知知识的新鲜感——整个过程就像你去旅游时见到许许多多未知的事物,不断学习到这些新鲜有趣的事物特性后,自然而然地,就到达了风景更美的地方。

时有风浪,但四名男生同舟共济,在保持良好习惯的风帆带领下,乘风破浪,集体保研。每个人都各自精彩,但也并肩进步。在这和而不同的学霸寝室里,如此差异的火花碰撞,非凡的烟火一同绽放!

原文字记者:《钱江晚报》 王湛、黄子洋
人物稿修订:陈柔惠

傅伊甸:杏林春日暖,橘井泉水香

■ 人物名片

傅伊甸,浙江大学医学院 2016 级本科生,中共党员。学业成绩优异,绩点排名专业第二,唐立新奖学金获得者,曾三次获评国家奖学金,四次获评浙江大学一等奖学金。曾获浙江大学医学院"杏林之星 & 十佳大学生"等荣誉称号。曾作为浙江大学医学生代表登上 CETV 回复习总书记给西藏大学医学生的回信。

傅伊甸在接受采访时,开玩笑地说自己就是一个接地气的普通人,能被挖掘的东西太少,她坦言自己不过是"在明白人的精力不是无限的"后每天按时规律作息,在清楚万事不能兼顾后在社团工作中学会取舍,在意识到情绪波动难以避免后能够在他人的鼓舞中调整心态。但其实,就是在这样一个"普通"的生活学习中,她发现了"普通"恰恰是她最大的优势,是她一步一个脚印的踏实从容。普通人应该如何度过自己的一生?她心中有坚信的答案:在自己的岗位上无悔奉献,并尽己所能地感染他人。

仰望繁星,足履实地

"治病救人"这样朴实而真挚的信仰,是傅伊甸学医的初心。这一念头源于身边榜样的影响——她的爷爷。傅伊甸的爷爷是一名普通医生,在退休后放弃高薪返聘,毅然回到家乡为乡亲们诊疗,笑脸相迎,温言对待每一位病人,而且每次只收取 5 元的出诊费。对于老人而言,救死扶伤才是他工作的真正意义,而收取诊费只是为了遵循当地的风俗,让患者安心。"爷爷现在已经八十多岁了,仍然有人来找他看病。每每这时,我能感受到他肩上的责任,也能感受到他生命的价值。"傅伊甸说。在这样的耳濡目染下,她也渐渐地明白了工作的意义所在,明白了人生的价值所在。治病救人,从此成为她坚守的使命与担当。

当她确定未来要走上学医之路时,她的家人选择尊重她的决定,只是像大多数家长对孩子的担忧那样提醒她,这条路并非坦途,要做好随时遇到困难的心理准备。医学生的专业特殊性强、培养周期长,因此修读医学的学业压力大。但傅伊甸对自己很有信心,她说热爱会支持她一直走下去。傅伊甸相信,医学是投入与产出相对成正比的学科,自己在学习阶段的扎实努力,能够在未来自己走上职业岗位时带来回报。

如果把医学比作一片群星璀璨的星空,从小时候的仰望,到如今的伸手触碰,傅伊甸一步步追逐着自己热爱的事业。她即将前往上海交通大学参与致远计划,从事眼科方向的学习与研究。她的规划是先做五年科研工作,在夯实理论基础、积累实践经验之后走向临床。

薪火相传,接续前行

在大学时光里,傅伊甸每天坚持 7:00 起床、22:30 入睡,因为她明白自己不是一个永远精力充沛的奇人;在保证学业成绩的前提下再参与社团活动、学生工作等活动,在不可兼得时适当放弃,她懂得自己不是一个万事皆可兼顾的能人;偶尔也会焦虑或沮丧,在朋友的鼓励和家人的激励中调节自己的节奏和心态,她认识到自己不是没有情绪波动的完人。能够做到早睡早起、规律作息,是她提前统筹规划、抓紧一分一秒的结果,也是她能保证高效高质完成任务的关键;有所取舍是评估自身能力后做出的理性权衡;生活中难免遇到挫折,但她从不因此感到挫败。坚韧、自律、乐观、谦逊,这样的性格让她从所谓的"普通"人中脱颖而出。

爷爷离开工作岗位但从未放下责任与担当,他的影响以及校园生活的经历让傅伊甸意识到,在以功利的视角所定义的"有用"之外,无用乃大用。这也对她在医生责任使命的认知上产生了很大的影响。在她的实习经历中,一次细心谨慎的换药换来了患者的信任给她留下了深刻印象,她意识到原来即便是这样的重复性操作也会给患者带去与众不同的感觉,她更加认识到不管是初出茅庐还是娴熟练达,在每一个医疗的操作中、在每一次与病人的互动中始终保有一种人文关怀也是一名医者的价值所在。而不忘初心,一直保持这样的态度也自此成为她对自己的要求。

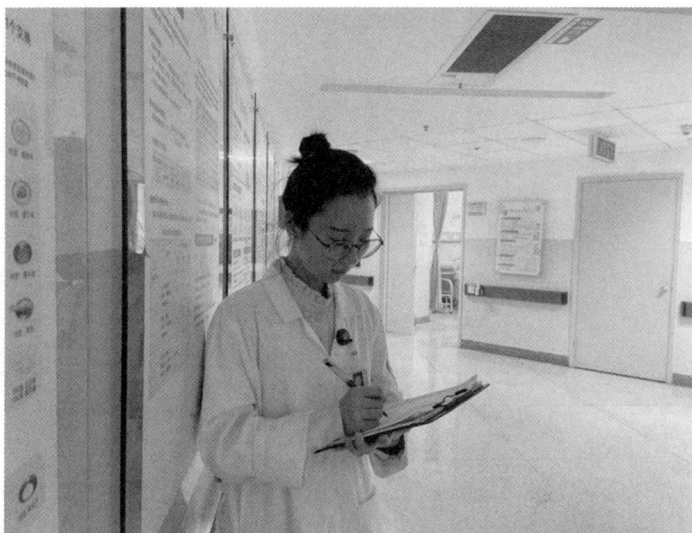

傅伊甸在医院实习时记录病人病情

如果要用一个关键词来概括医者的品性，傅伊甸笃定是"情怀"。在她的认知中，医者的情怀是"仁心仁术"，医生是最讲求责任与使命的职业之一。被问及等真正成为医生后，是否会因紧张的医患关系而担忧时，她说："医患双方不应是敌对关系，而应建立医患同盟。患者选择了医生，就是将自己的生命和人生托付给了医生。"同时，医者的情怀是包容宽广的，医学无国界，在这次新冠肺炎疫情中，傅伊甸再一次认识到了医学对于人类命运共同体的特殊意义。她衷心希望自己能够接续爷爷的使命，为病人带去光明和希望，为病人的生命带去转折。

以己之光，烛照他人

"医者仁心"不局限于白大褂和手术刀，在将大爱与奉献带上手术台前，傅伊甸先将善良与温暖带给了身边人。

傅伊甸已经成为一名共产党员。忆及入党初心，她说最直接的动机是与优秀前辈一起，依托党支部这样的平台做一些有意义的事；而更长远的目标是希望反哺社会，用行动感恩党和国家。她组织保研分享会，帮助有需要的同学获取信息；积极投身志愿服务，被评为五星级志愿者；作为浙江大学医学院团委的挂职副书记，主管志愿服务和宣传方向的事务。

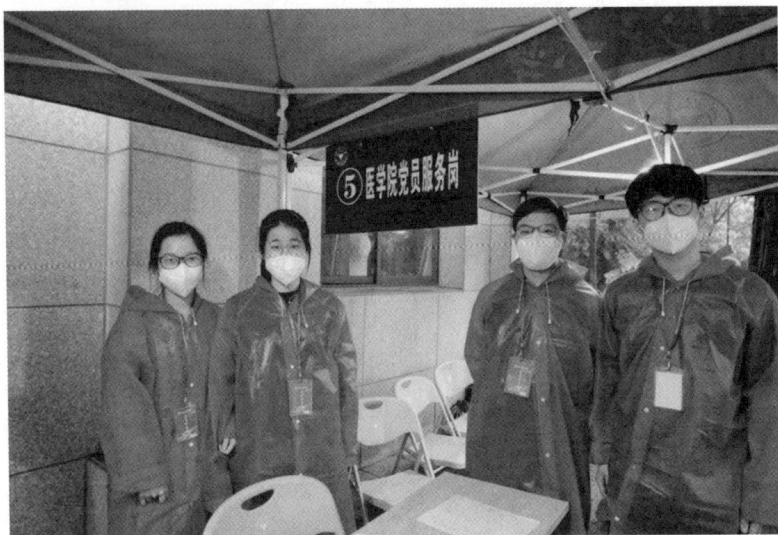

新冠肺炎疫情期间傅伊甸参加医学院党员服务岗（左一为傅伊甸）

　　在采撷暖阳、温暖他人的同时，傅伊甸也曾被一些细微的时刻打动。她回忆道，有一次支教结束、自己即将启程离开时，一个小男孩又跑回来抱了抱她，这个动人的瞬间便从此印刻在她的心中。许多相似的感动让傅伊甸明白，在普通的生活中做出有意义的事情，用自己的一生照亮周围的三分天地，这便是人生的价值。

　　她手捧一缕阳光，身负初心和使命，终将从一位温暖的普通人，成长为心怀大爱的医者。

原文字作者：浙江大学学生会　朱海、杨璐琳

人物稿修订：蓝紫涵

何杭琦:既是国奖学霸,
也是最年轻的潜员科学家

■ 人物名片

何杭琦,浙江大学海洋学院 2017 级研究生。他是国家奖学金获得者、优秀学生干部,本科期间以第一作者发表 SCI 论文。在学霸身份以外,他还曾赴西南印度洋科考,2018 年 12 月 17 日,23 岁的何杭琦下潜印度洋,成为中国深潜史上最年轻的潜员科学家。

2013 年 7 月,浙江大学海洋学院正式成立。何杭琦成为海洋学院建院以来招收的第一批本科生和第一批入驻舟山校区的海洋学子。七年时光,从本科生到研究生,何杭琦在浙大、在海洋学院不断挑战自我:跟随专业老师研究帕米尔高原的地壳厚度,并以第一作者身份发表了一篇 SCI 论文;赴西南印度洋参与大洋考察任务,完成了自己的第一次下潜;带领社团伙伴宣传海洋知识和海洋文化。每一段经历,对何杭琦而言,都是一次成长。

科研训练:从专业"小白"到 SCI 一作

何杭琦本科就读的专业是海洋科学。出于对"海洋地球物理学"课程的兴趣,在申报 SRTP 项目时,他和同学主动找到时任浙江大学海洋学院研究员的何小波老师,希望能跟着何老师做一些相关研究。在何老师的指导下,团队最终决定了选题:利用地震波探测帕米尔高原的地壳厚度。该选题既相对容易入手,又能学到软件使用和科学研究的方法。从学习地震基础知识开始了解问题、摸索研究方法,从零基础到学会 Linux 系统的软件操作……何杭琦团队不断进步。科研训练结题后,在何老师的鼓励下,何杭琦继续开展研究,并尝试用英文撰写论文,最终以第一作者的身份在国际 SCI 期刊 *Tectonophysics* 发表了研究成果。

完成这一次科研训练后,何杭琦感触颇多。首先,他认为浙江大学是一个非常好的平台,他说:"浙大为我们提供了很多尝试的机会,SRTP 项目就是一个很好的例子。如果未来想做科研,可以提前去找相关专业的老师,或者进实验室体验,浙大的老师会很欢迎本科生跟着学习。"其次,在研究过程中,指导老师也给予了非常多的指导和帮助。"我要感谢何老师在整个过程中的指导。何老师十分耐心,认真负责,引导我们去了解科研和学习科研的方法。由于研究所用到的软件都在 Linux 系统下运行,学习软件的操作对于当时习惯Windows 系统的我们来说是挺困难的。何老师亲手教我们软件的使用,很耐心。刚开始,我们缺少关于地震的基础知识,何老师像上课一样,给我们讲解专业知识,找相关文献。在研究过程中,我们很长一段时间都没有找到很好的地震波速计算方法。那段时间里,何老师经常和我们去探讨这个问题,他会引导我们去提出解决方法并进行尝试。我们几乎每周都会开组会,何老师会跟进我们的进度。"

"我们从整个项目中学到了不少专业知识和技能,同时也了解了科学研究的方法。更重要的是,我们知道了科学研究是一项需要耐心和毅力的工作,所以要从中寻找乐趣才能坚持这份工作。"就如何杭琦所说的,科学研究总是磕磕绊绊的,难免遇上诸多挑战。面对科研中存在的困难,何杭琦认为态度是最重要的,做科学研究一定要有精益求精的态度,而不能"差不多"就好。实验参数设置得差不多,测量的精度就不够高,实验方案设计得差不多,实验过程就不够严谨,最后得出的结论就会模棱两可。何杭琦认真说道:"'差不多'不能是一种工作态度,我们应该慢慢去掉浮躁,沉淀下来,去跨越相差的那一点。无论做什么,态度都应该摆在第一位。"

从一个专业"小白",到发表 SCI 论文,相对完整的科研训练给了何杭琦极大的信心,这也坚定了他留在海洋学院继续攻读研究生的想法。

远海科考:海洋研究者的幸运与深刻

2018 年 11 月至 2019 年 2 月,"深海勇士"号载人潜水器在作业母船"探索一号"的搭载下,赴西南印度洋进行大洋考察任务。浙大海洋学院海洋化学与环境研究所副教授潘依雯和她的硕士研究生何杭琦、海洋生物研究所博士生曲梦杰等三人，分别参加了该航次第一和第二航段的科考任务，完成了各自的第一次下潜。

何杭琦参加了第一航段的科考任务。这是"深海勇士"号第一次离开中国海域，到西南印度洋执行下潜作业，也是何杭琦第一次出远海进行科学考察。他见证了"深海勇士"号载人潜水器第 100 次下潜，历经了气旋等恶劣海况的考验。"风浪大的时候，能深刻地体会到坐海盗船时那种失重到超重的轮回。一旦适应之后，这又是一种难得的享受。"按照计划，何杭琦采集了热液区 CTD 海水样、深层保压海水样，以及贻贝、螺、螃蟹等生物样品；同时对课题组研发的传感器进行了海试，"这个热液区靠近西风带，很少有科学团队来这里进行长时间的下潜作业。我们获得的海水和生物样品都十分宝贵，具有非常重要的科研价值。"

令何杭琦印象最深的是深海下潜。作为第一航段潜水器上唯一的学生，此前他从未想过能获得如此难得的下潜机会。"下潜时，能看到海水从浅蓝变成深蓝，直到视野一片漆黑。教科书上说的真光层和温跃层都能很直观地感受到。透过潜器的舷窗，可以看到各种发光生物，偶尔能碰到水母、海参、珊瑚等生物。海底覆盖着白色的沉积物，一些地方裸露着玄武岩，深海景观非常漂亮。"何杭琦说道。

出海返回后合照（左到右依次为曲梦杰、邱雅楠老师、潘依雯老师与何杭琦）

现在回想起来，何杭琦的激动兴奋依旧溢于言表："有了出海和下潜的经历后，我对自己研究的问题有了更直观的了解。实地考察深海热液区和仅仅在视频中看到的感觉就是不一样，这对之后的研究大有帮助。"

宣传海洋文化：海洋学子的担当与愿景

为什么会选择海洋科学专业呢？何杭琦表示，高考填志愿时了解到了成立不久的海洋科学和船舶大类学科。恰好国家也明确提出了"海洋强国"的战略目标，何杭琦觉得这一方向发展前景广阔，于是选择了海洋科学专业。

成为海洋学院的一分子后，何杭琦顺势加入了浙江大学学生海洋协会。本着"宣传海洋知识和海洋文化"的宗旨，海洋协会十分注重对海洋文化的宣传，主要活动包括海洋知识大讲堂、海洋嘉年华、海洋日等等。何杭琦任项目部部长时，组织策划了"海洋科普知识走进中小学"活动，在前辈们的帮助下，海洋协会与拱墅区区团委达成合作，到树人和北秀两所小学举办讲座，给孩子们介绍海洋生物、科普海洋文化。

海洋知识走进树人小学（左一为何杭琦）

在海洋文化的宣传上，何杭琦认为："让大家认识海洋、了解海洋是有必要的。"事实上，大多数人对海洋的认识仅仅停留在表面，不知海洋蕴藏的丰富宝藏，更不了解我国当前海洋科学与技术的发展。"我们要对外宣传与海洋相关的知识，也要让大家了解我国当前海洋的发展状况。面向中小学生的科普具有较高的可操作性，也希望未来能有更多人选择海洋专业。"

　　大不自多,海纳江河;惟学无际,际于天地。何杭琦坦言,在全新的研究方向上,他才刚刚入门。秉持精益求精的态度,把握每一次成长的机会,期待何杭琦下一段缤纷多彩的经历。

原文字作者:陈诗文、高楚清、梁立、谢培妍、林晨涛

人物稿修订:顾颀

黄子瑶:厚"记"薄发,做优良学风的传承者

　　黄子瑶,浙江大学药学院药物制剂专业2017级本科生,2019期启真人才学院学员,曾获得浙江大学首届最美笔记大赛特等奖,第十三届全国节能减排社会实践与科技竞赛特等奖,校优秀学生二等奖学金,江芷生物技术制药奖学金,浙江大学"求是岁月"校史演讲比赛第二名,浙江大学思政微课大赛第四名,入选2021届"2+2"模式专职辅导员。

　　在浙江大学首届最美笔记大赛中,来自药学院的2017级本科生黄子瑶凭借简洁工整、重点突出的笔记脱颖而出,一举斩获了特等奖。在四年的学习成长过程中,整理笔记已经成为黄子瑶独特的学习习惯,帮助她自觉成为浙江大学优良学风的传承者与发扬者。

持之以恒,好习惯的坚持者

　　高中时,黄子瑶已经养成了整理笔记、定期复盘的好习惯,进入大学以后,教学方式和学习内容都发生了很大的变化,且随着专业学习的不断深入,知识系统越来越复杂,如何高效学习的问题就摆在了很多人的面前。比如"药理学"这门课程,不仅需要记住上百种针对不同疾病的药物,不少药物名称相近或者效果相似,而且药物搭配之间关系错综复杂,是不少同学头疼的问题。

　　但黄子瑶相信"万变不离其宗",她说,"我认为通过整理笔记的方式梳理学习内容是非常清晰和有效的学习方式"。在不断学习的过程中,她也钻研出了自己独特的笔记整理方式:课前,认真预习相关知识点;课上,随着老师的讲解划出

重点,记录关键点;课后,串联琐碎的关键词句和知识点形成笔记的主体框架;每隔一段时间复习,便用不同颜色的笔增添、删改,最终形成完整的笔记。在学习"药理学"过程中,她从疾病的共性和药物的针对性角度,系统归纳了各类药物与疾病的共性、特殊之处,形成了条理清晰、内容翔实的笔记,高效地辅助了学习。像这样的笔记她手中还有很多,整理笔记贯穿了她大学四年的课程学习。

黄子瑶"药物化学"课程的笔记

整理笔记不仅需要足够的耐心与恒心，也需要大量的时间。大学生活丰富多彩而又压力四伏，黄子瑶却把课下整理笔记当作"一种放松自己、缓解压力的方式"，一有空就往图书馆扎。她始终坚信"好记性不如烂笔头"，笔记也成为激励她学习的动力，看着满满当当的一本又一本的笔记时，"内心满是喜悦和充足，这种感觉是其他事物不能带来的"。绳锯木断，水滴石穿，她以这样的恒心将整理笔记这样的习惯坚持了下去。

厚积薄发，好习惯的受益者

天道酬勤，通过坚持整理笔记，黄子瑶在期末复习时事半功倍，知识点信手拈来，取得了优异的学习成绩。不仅如此，这一方法也让她在日常学习生活中游刃有余地平衡学业和各类活动。

黄子瑶及其 SRTP 成员组队以"转基因斑马鱼药理学与毒理学评价的动物学模型"项目报名参加浙江大学江芷现代生物技术制药研究的创赛。在比赛前两周主办方才通知终答辩的时间，而答辩前一天她还有"药物化学"的期中考试和"医药统计学"的期末考试。要在比较短的时间内对项目进行归纳总结以及完成考试的复习，黄子瑶感叹道，"当时压力特别大"。得益于她平时整理笔记，期末复习能够紧凑有序地完成，最后取得了不错的成绩。平时复盘整理的习惯让她有扎实的专业功底，这在本次项目中也发挥了不小的作用，自我调侃为"初生牛犊"的她和队友一路走到最后，成为本次创赛中唯一获奖的本科生团队，获得了评委们极高的评价。

黄子瑶在党建馆讲解时和李兰娟院士合照

不仅如此,在新冠肺炎疫情期间黄子瑶还和同学组队参加了全国大学生节能减排社会实践与科技竞赛,返校之前他们的讨论都只能在线上开展,返校之后也有实验课、实习以及期末考试的安排。可贵的是,一方面她从未停下笔记整理的步伐,另一方面她和团队成员一起完成了项目,最终获得全国特等奖的荣誉。笔记减轻了她学业上的压力,也给了她深厚的知识功底,让她更好地完成创新研究等工作,好习惯不断帮助她取得进步。

慷慨相授,好习惯的发扬者

机会总是留给有准备的人,首届浙江大学最美笔记举办时,黄子瑶将自己平日里整理的笔记拿去参赛,经过院系选拔、校级初评,以及网上投票、专家评审等环节,她的笔记凭借着整洁有序、条理清晰的特点从众多参赛作品脱颖而出获得了特等奖。这次最美笔记大赛在校园里掀起一股热潮,在她获奖之后,许多同学向她请教笔记整理的方法和心得,她都倾囊相授。黄子瑶将自己独特的学习方法总结成为"坚持"二字送给来交流的同学,"只有踏实勤奋地从学期初一直坚持到学期末,这样的笔记方式和学习习惯才会给你想要的成绩"。学期结束后有不少同学向她报喜,直言她的学习方法极大地提高了他们的学习成绩。2017级农业资源与环境专业的本科生林寅同学表示:"(子瑶的)笔记思路清晰,能够突出知识点间的逻辑链接,很好地帮助我学习和理解'物理化学'的知识体系……"这样的肯定也激励着她将整理笔记的习惯坚持下去。她希望更多的同学能够重视整理笔记的学习方式,让"好学、勤学、善学"的优良学风在浙江大学蔚然成风。

在2020年保研推免考试中,黄子瑶放弃学院保研的机会,入选2021届"2+2"模式专职辅导员,未来的她会入职蓝田学园,面对一张张新入学的面孔,引导他们去勾画自己大学五彩斑斓的图画。"对于我来说,这两年既是挑战也是锻炼的机会。身为辅导员要明确自己的出发点是学生需要什么,再从学生的角度提供给他们尽可能的帮助。"她说要尽可能多地与新生们谈话,掌握思想动态,帮助引导他们从大一开始就要慢慢培养未来职业规划的意识,另外还要培养他们的学科兴趣,帮助他们深入了解所学专业,引导他们树立正确的学习观,将浙江大学优良的学风传承和发扬下去。

人物稿撰写:刘达(采访)

蒋楚楚:连续两年成绩第一,多才多艺的她不断探索新的可能

　　蒋楚楚,浙江大学人文学院哲学专业 2016 级本科生,连续两年大类或专业第一,辅修竺可桢学院创新与创业管理强化班,舞蹈、长笛和口琴俱佳,获唐立新奖学金、优秀学生一等奖学金。

　　大一学年人文大类排名第一,并摘得当年的唐立新奖学金;大二确认专业到哲学系后再获专业第一的好成绩;此外,她还是竺可桢学院创新与创业管理强化班(ITP)的成员……在大多数人眼中,蒋楚楚或许就是父母口中那个"别人家的孩子"。

哲学是一颗种子,给人以希望

　　在旁人眼中,哲学探究深奥玄妙的哲理,甚至有些冷门。蒋楚楚拥有大类第一的优秀成绩,本有许多选择专业的可能,但她遵循着内心,义无反顾地选择了哲学。

　　早在高三时,蒋楚楚就清醒地认识到,随波逐流挤向所谓热门专业的做法并不明智,她更想认识她自己。"我是谁?""世界如何运作?"抱着一份好奇心,蒋楚楚选择了哲学作为自己的主修专业。未曾想到深入学习之后竟一发不可收拾,好奇心更多地变成崇敬和热爱。在学习哲学的过程中,蒋楚楚觉得它就像一颗种子。因为这颗种子,她感受到了思想的无限魅力。

　　对于蒋楚楚来说,学习哲学最大的难题便是"创新"。古希腊哲学家赫拉克利特有一句名言:"人不能两次踏入同一条河流。"站在时间的长河边上,蒋楚楚说:"每天醒来我都会'杀死'过去的我,那个不成熟的、旧的自己,那个过了一天

在牛津大学交换时，蒋楚楚代表团队做 presentation，
后获得 best presentation award

就需要丢掉的、保留着闭塞观念的自己。"当她意识到很多自己想到的问题、做的研究都是别人已经想过、做过的，自己所写的论文更像是在做文献综述时，她便不可避免地陷入痛苦之中。但在老师的指引下，她已经学会静下心来，默默地做自己的努力。在目前的规划中，未来她还将继续走学术的道路。

尽管学术之海一望无垠，"生也有涯，学而无涯"的焦虑不时席卷而来，但蒋楚楚相信，哲学是颗好种子，会给人以希望。她也相信哲学这颗曾经在 18、19 世纪绽放出美好的思想之花的种子，不会永远沉寂。

习惯性的自我约束，创造性的"自我毁灭"

"其实浙大的同学们都很优秀，我可能只是在平时比一些同学多了几分自律。"对于所取得的成绩，她总是十分谦虚。也正是因着她口中的这种"自律"，"慌张感"很少会出现在蒋楚楚的生活里。良好的习惯使得蒋楚楚能很好地兼顾主修哲学和辅修 ITP，并取得优异的成绩。

"在大学这样一个更加自主的学习环境，寻找适合自己的日常作息和学习方法显得尤为重要。"在蒋楚楚看来，这是一个不断探索的过程。她的字典里，有这样两个关键词：一是态度，要知道自己学这个是干什么的，才能更好地把握不同的课程。对那些不喜欢却不得不学的课程，她将其比作达成梦想的一把钥匙，从而克服自己的厌倦情绪。二是习惯，要把好习惯变成自己真正拥有的。每天五点钟起床,上课之余便泡在自习室里学习,每天坚持一定量的运动,坚持学习法语……这些对她来说已经成了习惯。"最难的是要坚持。我们可以每天突破自己一点点,然后把它变成我们的习惯。只是小小的改变,就已经可以在学习上起到很大的帮助了。"在这种习惯性的自我约束中,她用自律的力量一步一个脚印地在学业领域中不断开疆拓土,完成自我的渐进式积累。

与此同时,就像她的人生信条——"走向创造性的自我毁灭",不满足于现有的成绩,她始终在尝试各种新的可能中不断重塑一个全新的自我。尝试加入ITP是她在大二作出的一个重要选择。ITP隶属于浙江大学竺可桢学院,每年从全校各个专业的二年级本科生中选拔 40 人,旨在培养具有强烈创新意识、优秀创新素质及创新技能的高科技产业经营管理创业型人才。通过重重考验成功进入 ITP,面对高手如云的新集体,她重新审视、评判自己。慢慢地,她对集体和个人的认识有了更深的理解。"你常常会反思,怎么样和别人相处;每个人身上都会有值得学习的地方,就看你能不能发现它。"

在自我约束的渐进力量和不断进取的突破力量的协助下,蒋楚楚把握住了自己的节奏。

让每一个日子起舞,做一朵更绚丽的花

四岁起,蒋楚楚便开始广泛学习各种舞蹈,最终将兴趣锁定在了拉丁舞上。大学期间,她加入学校的拉丁舞队,还考取了拉丁舞国家二级裁判证书。在她看来,当这件事本身成为兴趣之后,继续培养爱好的动力就是一种源源不断的自驱力,她更愿意把"坚持"理解为在众多客观因素塑造的不可抗力中找到一个平衡。"只有不违反人性的,且适合自己的生活方式才能够被更好地执行下去。我属于比较典型的'晨型人',所以会把对专注力要求高的脑力活动安排在早上,到了晚上就选择跳舞等作为调剂。"在学业和练舞的间隙中,蒋楚楚还学会了长笛和口琴,进一步加深了艺术对生命之花的熏陶。"在大学中,我们难免被各种指标追着走,焦虑和浮躁还是常有的情绪。而在才艺的培养中,我能够真正静下心来,带着一种匠人精神,去经历成长、瓶颈、挫折、突破的每个阶段。"哲学家尼采说,"每一个不曾起舞的日子都是对生命的辜负。"通过舞蹈和音乐,蒋楚楚会有底气地说出,"我没有辜负生命中的每一个日子。"

善于管理时间、勤于自律的她就像大自然中的花朵,默默从土壤中吸收营养,积攒力量。出于兴趣和对时间的珍视,蒋楚楚从高二起就开始自学法语,利用各个假期完成不同阶段的课程,循序渐进。拥有一定法语基础的她在学

与拉丁舞队参加新年晚会（左三为蒋楚楚）

习哲学的过程中有能力去接触更多的法语原著。在大二法国哲学课上，为了研究福柯的作品《疯癫与文明》(*Folie et Deraison：Histoire de la Folie a l'age Classique*)，她去阅读了相关的法文文献。"那是我第一次领悟到了原文阅读的重要性。从微观上来说，每一个抽象概念都能够在法语本身的语境下更加生动形象化，传达的意思也更加精准清晰。从宏观的层面来看，原文阅读能让我更加理解法国人的思维以及福柯的思想。"

生命之花的绽放离不开阳光的照耀。对蒋楚楚来说，这阳光有很多的来源，都带给她新的生命力。她每天坚持健身，游泳、跑步，运动让她更加精力充沛；她常沉迷书籍，黑色幽默的小说、严肃反讽的漫画、波德莱尔的诗，都令她沉醉；她还爱好电影，基耶斯洛夫斯基的电影、美剧《西部世界》，涉猎极广……这些对她来说既是放松心灵的方式，也是扩展对于人与世界的理解的途径。

哲学指引她对所遇之事作理性的反思，多种兴趣爱好为她保留了感性认知世界的空间，在为美与生命本身感动的同时，这些也都教会了她如何更好地生活和自处。她就是这样一个，不断突破着旧的自己、创造着新的可能的女孩。她想要成为一朵更绚丽的花。

原文字作者：浙江大学微讯社　申轲、周楚
人物稿修订：何诗琳（补充采访，根据原稿删改）

金竹：隐隐生光，节节向上，
她从鲜有足迹走到繁花相伴

■ 人物名片

　　金竹，浙江大学化学系 2016 级博士生。浙江大学 2019—2020 学年竺可桢奖学金获得者。多次在化学顶级期刊上发表文章，2020 年以第一作者身份在国际顶刊 *Science* 上发表文章；曾获得浙江大学优秀研究生、"TCI 杯 postershow"优秀奖等荣誉；曾参与第二十届全国分子筛大会、第十七届全国青年催化大会等学术会议，积极交流、投递 poster 及会议摘要，并被收录在册；拥有普适性材料应用国家专利。

　　在浙江大学西溪校区第七教学楼的一间实验办公室里，一位女生正忙着整理文档，电脑屏幕上的光标快速跳动，实验数据图表规整而有序。她正是 2019—2020 学年浙江大学竺可桢奖学金获得者之一，化学系 2016 级博士研究生金竹。

选择化学和科研，是一种冥冥之中的缘分

　　2016 年毕业于东北大学应用化学专业，同年通过推免进入浙江大学化学系攻读博士学位，金竹的化学科研道路，一走，便已近十年。最初选择化学这个专业更多是由于求知欲的驱使，"化学反应很多神奇的现象一直都让我很好奇，很感兴趣"。通过四年本科学习，成绩名列前茅的她报名参与了浙大化学系的夏令营项目。"在三天的夏令营活动里，化学系各个研究方向的老师，给我们细致地介绍了他们所从事的领域发展情况，那时老师们对于科研那种严谨却热情的态

度让我直到现在都记忆深刻。"

金竹个人生活照

　　而进入浙大化学系攻读博士学位,确定科研方向的过程,金竹坦言是源于一条"新闻"和实验过程的"偶然"尝试,如同一种莫名的缘分,让机遇和基础碰撞,产生了新的火花。

　　博士一年级的她在进入实验室的第一天,就被师兄师姐们的工作状态所震撼,学习和生活的模式由此快速地从大四阶段的相对轻松转变为教室和实验室之间的两点一线。"毫不夸张地说,感觉当时每天都在打仗。不但要在不同的校区之间上课,同时也要兼顾文献阅读和实验练习。从最基础的合成开始,过渡到对不同反应的测试。"较高强度的专业学习和大量的实验尝试,让初涉科研的金竹对于专业知识的掌握和科研实验的操作有了快速的成长,专业基础也更加牢固。

　　随着我国东海油气田的成功开发,储量丰富的甲烷逐渐作为石油、煤等日益消耗的化石能源的替代品而被广泛应用。这一时事新闻让金竹开始思考如何能够将低成本、高含量的甲烷转化为更有价值的化工原料,对目前甲烷高选择性活化仍存在的科学技术问题进行突破。

　　在老师的指导下,她由此在原先的实验基础上开始了相关催化剂的制备和分析,并在一次尝试中发现有一类催化剂针对甲烷氧化方向有着较好的活性。这也正是之后她在 *Science* 成功发表文章的开端。

每一份幸运背后，都离不开坚持与热爱

化学专业的长期学习和课题组的紧凑实验氛围让金竹在博士学业初期就较好地适应了专业研究节奏。科研往往都伴随着许多的机遇和困难。对于自己在科研路上的种种经历，金竹坦言自己是"幸运"的。而在"幸运"的背后，她强调，更为本质的是不轻易言败的坚持和对于探索未知的热爱。

"做科研有时就如同爬山，想要登顶的人很多，但登上山峰的人很少。"对于自己能够在科研领域有所收获的关键，金竹认为首要的便是"坚持"，因为从她踏入实验室的第一天起就每天遇到层出不穷、各种各样的问题。"有时是催化剂失活，有时是仪器失灵，但最主要的还是心态问题。"科研的道路，方向和路径都因人而异。在不断遇到新问题的过程中，金竹常常反复会问自己"我适合做科研吗？"

路程的孤独和困难的常伴让坚持下去成为一件并不容易的事。对于金竹来说，投稿 *Science* 的经历便充满了曲折。

"第一次投稿 *Science* 的时候，三位评审中有两位都持有较负面的意见，"面对这次失败，一直积极坚持的她也有了改投其他期刊的念头，"但我的导师肖丰收教授给了我很多鼓励和支持。"在导师的帮助和长时间的讨论下，杂志编辑决定再给一次机会。经过近三个月的打磨，通过文章逻辑的梳理、数据图表的改进，在六七次稿件修改后，这一篇甲烷氧化方向的文章终于顺利发表。

而这一次的经历也让金竹明白了"热爱"的力量。

"许多人常常会觉得科研有些枯燥，但我觉得，正是我们对于未知的热爱，对于谜题的求知欲，才得以支撑着我们一直走下去。"在投稿被拒，几番周折之后重获机会，她选择将自己全身心投入，耗时数月，重理思绪，补充数据，修改稿件。在感到迷茫的无数个夜晚里，一想到对于这个领域最初的愿景和希望，对于尚未解决的技术难题想要贡献一己之力的初心，以及自己对于未知探求的始终热爱，"这些都推动着我选择坚持一下，再坚持一下。"

幸运时有之，但坚持和热爱才是开门的钥匙。

基于共性，寻得个性，是自我"疗愈"与成长

"科研的难度在于你要涉足一条少有人走的路，并且还要不断前进，甚至开拓出一条全新的路，这个过程确实伴随着艰辛与孤独。但是，这也意味着，它同样是自由的。"谈及面对科研困境时自我"治愈"的方法，金竹认为："当你可以凭

借自己的研究和探索,独立、完整地解决选定的课题的时候,其实这种满足感和愉悦感是语言很难描述的。"科研过程给自身带来可见的成长,让她觉得这本身便是一种很好的"共性疗法"。

跟随导师参加学术会议,她看到老师们在听了一整天的报告后,仍能就其中的某个问题讨论得热火朝天,"你是能感受到科研带给人的不仅仅是成就,更是精神上的满足。"

除了在科研上的自我调节,金竹还积极担任学生工作,撰写一些科幻类小说,发展出一系列"个性疗法"。

金竹获 2019—2020 学年竺可桢奖学金

她曾任化学系 2016 级秋博班班长和团支书。通过在班集体中团结同学,和大家一起交流、团建,在为集体生活尽自己一份力的过程中获得快乐与满足。她也会利用空闲时间写一些科幻类和悬疑冒险类的短文,将自己的情绪写入故事情节中,慢慢倾诉,静静抒发。

在科研与集体中的所学所悟让她得到共性的成长,而寻得自身热爱并结合个性的爱好也让她找到了属于自己的独特"疗法"。

如今的她仍在"找到热爱,付诸行动,实现价值"的科研道路上不断前行。正如其名所是,于重重磨炼里以本质为基焕发独特光彩,在漫漫成长中如竹一般破节坚毅而生。科研之路,足迹鲜有,但她已走出了属于自己的繁花相伴。

人物稿撰写:马钿雲(采访)

廖人玉:历寒忆艰再求索,
她走进这草木世界

■ 人物名片

廖人玉,浙江大学农业与生物技术学院农学专业 2016 级本科生。学习优异,共有 25 门课程满绩,是 2018—2019 学年竺可桢奖学金获得者,本科期间连续三年获得国家奖学金、优秀学生一等奖学金,2018 年被评为浙江大学十佳大学生。热心野外科考调查,曾参与中美野外联合实习、西南极小种群调查;热爱运动,曾获多项校、省,乃至全国级别的篮球赛奖项。

25 门课程满绩,“收割”国家奖学金、学业优秀一等奖学金、农学院农学教育发展基金、光华奖学金、专业奖学金,荣获第九届浙江大学十佳大学生荣誉称号……优秀履历的背后,是廖人玉辛勤的付出。

最美笔记:记录、思考、提升!

黑色笔画勾勒出各种植物的轮廓,每朵花瓣、每片叶子都立体而生动地展现在我们眼前,图画旁边清晰的中英文字体标注了它们的种类……这是廖人玉参加浙江大学首届最美笔记评选大赛的植物学课程笔记,取得了大赛三等奖的好成绩。

廖人玉从未受过专业的绘画训练,只是读大学后,植物专业的师兄给过一些绘图指导。但由于植物丰富的形态特征,若光靠严密的文字去描述,很容易使之丧失生命力,她便更多地采取绘画的手段。

为了描绘它们，廖人玉仔细地观察各种植物的特点细节，而不是走马观花，因而能对它们的特别之处，形态、气质上的差异，甚至是细微的差别有所掌握。她说："当你把你看到的每一个细节努力地诉诸笔端的时候，你会发现，你就记住它了，之后再去看你画的东西的时候，也必定印象深刻，这样就能对丰富多彩的植物世界渐渐多一点点了解了。"正是这种精益求精的学习态度让廖人玉的笔记在众多参赛者中脱颖而出。

"做笔记是随时记录自己思考和学习过程中产生的想法和疑问的好习惯，帮助记录我们的思考路径，养成思考的习惯；笔记让我们便于理解和记忆知识，帮助我们回忆和巩固课前课后学到的内容，也可以锻炼我们的归纳总结和逻辑能力，加深自己对问题的印象和认识；它还是培养自己温故知新的学习习惯的一种方式，你可以快速地回想起当时的理解方式而想起学习过的知识。"一提到笔记，廖人玉侃侃而谈。不仅仅是专业学习，在实验学习、实践课程、动手操作乃至日常生活中，廖人玉都以笔记的方式进行积累。她从不机械地去做笔记，本科阶段的学习笔记更多体现的是她的理解方法，在科研工作中的笔记则更多体现她的新思考。她的笔记不仅是知识回路，还是脑路，更是心路。

除此之外，对于时间管理，廖人玉有着近乎苛刻的要求。她抽提出生活中的琐碎，摸索和积累着利用时间的经验，在碎片的时间内填入丰沛的土壤。在平常学习时，她采用"课前＋课上＋课后"的学习模式，并寻找志同道合的学习伙伴一同学习。廖人玉坦言自己并非全能，"大家一起学习，相互答疑，加深印象，学习的路上才不会孤单"。

正是认真的学习态度和高效的学习方法，让廖人玉在学习之路上一路乘风破浪、披荆斩棘，最终收获 25 门课满绩，以及各类奖学金。

野外科考：初心、热情、执着！

大学期间，廖人玉参加了"东亚北美间断分布"中美野外联合实习。在这过程中，童话般的真菌、日常中难以见到的植物，都给她留下了深刻的印象，似乎"学过的知识就这么从土地上、山脊里长了出来"。翻山越岭、日夜跋涉，尤其很多没有路的山要手脚并用才能爬上去，这个过程十分辛苦。但是，决心融入这片草木世界的她，总是咬咬牙坚持下来。

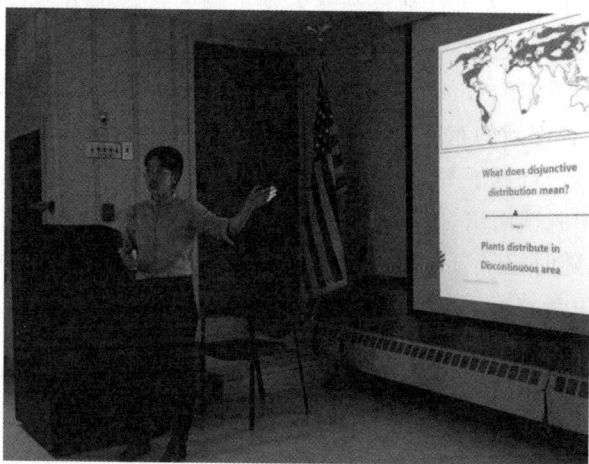

廖人玉在北美野外科考时进行展示

时钟拨回到几年前，那时她在提前批的志愿书上填了浙江大学农学专业，并毅然选择了不服从调剂。廖人玉选择学习农学的原因是喜欢植物，对于这一选择，她的内心执着而坚定。

怀揣着这份初心的廖人玉，在大学接触专业课程后更喜爱这个专业了，特别是上完植物学的课。"感觉自己换了一双眼睛，长了一双专门看植物的眼睛，很多人看叶即叶，看草即草，一片绿色，但是识别出它们的不同后，它们在我眼里不是草也不是木，都是单独的个体，它们都有自己的名字和喜好，而其中最奇妙的是没办法问为什么会这样。"

野外科考的经历让她明白，科研的道路远没有想象中那么容易。野外科考实践虽然常常使人精疲力竭，但肉体上的痛苦远不及被老师提问但答不出来时的痛苦，这也更加坚定了她要在科研实践中获取真理的决心。

科研工作：渊源、契机、使命！

科研的道路远没有想象中那么容易。廖人玉大一就联系了实验室的老师，连续两年的生日都在实验室做实验中度过，她坦言："一开始做科研，我也会因为看到别人文章都写了，自己却总做不出结果而着急。后来，我发现自己不能以这样的心态对待科研，科研是急不来的，必须全身心地去思考，投入时间、精力、脑力。"

高中时期，廖人玉经常读一些科普读物，她的生物老师还会在课堂上跟同学们科普一些学者在科研方面的进展与心得,这让她对科研工作产生了最初的憧憬和向往。一次偶然的机会,校女篮队的队友推荐廖人玉来到实验室,在和实验室导师进行了一些交流后,她就先尝试在实验室待了一个月,在对实验室有了一些基本了解后便决定继续留在这里进行科研训练。

廖人玉所在的校女篮队合照(前排左 5 为廖人玉)

在实验室里,廖人玉总是积极联系导师,争取与导师讨论课题和科研想法的机会,对科研满满的热情与责任感让导师感受到她对科研的喜爱。为了保持实验的高效进展,廖人玉践行着自己的科研四部曲——做好计划与准备、拥有高效的执行力、与实验伙伴分工协作、在过程中独立解决问题。就这样,她的科研工作有条不紊地开展起来。虽然还是本科生,廖人玉已经以第一作者的身份在SCI 期刊上发表了自己的论文。在求索专业知识的道路上她在不断播种、收获,不断靠近着内心的目标与使命!

原文字作者:浙江大学微讯社　邢思雨
人物稿修订:赵若轩(补充采访,根据原稿删改)

刘文杰:风雨兼程犹未悔,显微镜里觅乾坤

■ 人物名片

刘文杰,浙江大学光电科学与工程学院光学工程专业 2016 级博士生,参与国家重大科研项目——超分辨光学显微镜研制,已发表和接收 SCI 论文 17 篇,一作和共同一作 6 篇,其中包括顶级刊物 NC、LPR、JPCL 以及多篇 ZJUTOP;申请国家发明专利 12 项,授权 3 项;参加国际学术会议 6 次,获最佳海报展示奖 1 次;报名或受邀参加了 4 次国际学术交流。曾获浙江大学竺可桢奖学金、国家奖学金、王大珩中国光学奖学金、浙江大学十佳大学生等荣誉称号。

筚路蓝缕,以启山林

显微镜是研究微观世界必不可少的工具,对于其他学科的研究也十分重要。刘文杰在导师刘旭教授和匡翠方教授的指导下,深度参与了一项国家重大科研仪器研制项目——超分辨光学显微镜研制。这种显微镜一旦研制成功,能将显微镜的分辨能力推进到几十纳米。在项目组中,刘文杰主要负责仪器研发和算法编写。

研究的重要性和难点在于目前大部分技术仅能实现物体的二维超分辨,忽略了轴向分辨率的提升,而少数的几种三维超分辨技术也面临时间分辨率的矛盾。除此之外,再加上光强和速度等的限制,难以实现对活细胞进行三维超分辨动态观察。为了解决上述问题,在导师指导和团队合作下,刘文杰从全内反射理论入手,结合频率调制,实现了横向分辨率 2 倍、轴向分辨率 12 倍的提升,并对

刘文杰本人

活细胞进行了四维时空超分辨动态观察,相关仪器通过了国家质检中心的检测,并得到了超分辨诺奖得主威廉·莫纳和两院院士的高度评价。在工业应用上,团队推动学科交叉和产研结合,一方面与生物领域的课题组积极合作,另一方面与国内最大的显微镜公司合作申报获批了浙江省产业化项目,对这套具有完全自主知识产权的大国显微重器进行成果转移,有望打破外国企业的行业垄断,发展出属于我们自己的"国之重器"。

基于该系列研究,刘文杰已发表和接收 SCI 论文 17 篇,一作和共同一作 6 篇,其中包括顶级刊物 NC、LPR、JPCL 以及多篇 ZJUTOP;申请国家发明专利 12 项,授权 3 项;参加国际学术会议 6 次,获最佳海报展示奖 1 次;报名或受邀参加了 4 次国际学术交流,目前正在牛津大学进行国家公派联合培养。

刘文杰本科就读于材料相关专业,对科学的热爱使他毅然选择成为浙江大学光学工程专业的一名直博研究生,主攻超分辨光学显微镜研究领域。由于光电与材料领域存在较大差别,研究初期,没有学科基础、进展缓慢等问题深刻困扰着他。幸运的是,在导师和前辈的悉心指导和帮助下,刘文杰逐渐走出困境,从独立开展课题,到现在可以带领师弟师妹们做实验,帮助他们更好更快地科研入门,最终守得云开见月明。

千淘万漉,玉汝于成

透过超分辨光学显微镜,人类可以饱览宏观世界下大千万物背后的无限细节,但一副小小透镜的背后,支撑科研工作者们研究灵感闪现的却是每天的悉心总结和日复一日的坚守。刘文杰的治学科研之道亦是如此,通过前期工作量和时间量的不断积累,最终促成了科研成果质的飞跃。

除了积极寻求外部帮助,善于归纳总结、自我反省也是刘文杰的两大法宝。他坦言自己不是一个追求快的人,在日常的文献阅读写作和实验操作中,他更喜欢多花点时间思考——所阅读文献的优缺点、于自身的启发、接下来实验步骤的安排、实验结果的预期、预设问题的解决方案等等。正是基于这种良好的思考总结的科研习惯,他在入门不久后便提出了一种新型超分辨成像思路,并发表了一篇篇幅长达 30 页、参考文献达 300 篇的顶级综述文章,明确了他博士阶段超分辨光学显微镜的具体研究方向。

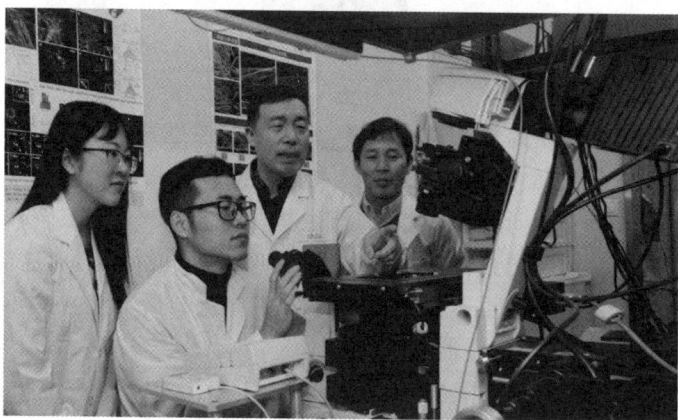

刘文杰团队实验照——共同推进实验课题

一天的研究结束时,刘文杰总会在清风明月的相伴下反思这平淡而又充实的一天,随后做好当天的学习总结和第二天的事务安排。也许在他人看来,科研这条道路有些枯燥和重复,让人一眼望不到尽头,但于刘文杰本人,无论是取得的小成果还是实验中遇到的小插曲都是他科研道路上的调节剂,使他能目光坚毅地勇往直前。"有三件事物我愈是思考愈觉神奇,心中也愈充满敬畏,那就是我头顶的星空、眼中的微丝分子以及内心的道德准则。"刘文杰改编了康德的那句名言,既然选择了科研报国,实现自我,从此便风雨兼程,矢志不渝。

星火燎原,志在四海

刘文杰曾任光电学院光电工程研究所博士研究生党支部书记等职务,履职期间荣获"优秀党务工作者"和"优秀党员"称号。一方面,刘文杰所在党支部与研究所教工支部、硕士研究生支部联合,巧妙地将研究所的研究内容与支部活动结合,开展多次小学生科普教育活动,如实验室参观和趣味科学实验等,为孩子们亲近世界提供保障,扩展他们的科技视野。另一方面,他们党支部还承担了求是小学的天文课程教学任务,担任志愿授课老师。"微观世界与宏观宇宙,作为这个世界上最让人困惑又最让人着迷的两件事物,看似有很多相似之处,实则截然不同。"因此备课过程中存在着诸多困难和挑战,但刘文杰和其他队员没有退缩,他们利用科研外的时间认真准备授课内容,用一个个伏案备课的深夜,点亮了孩子们的星光。

刘文杰热爱志愿活动,曾参与过十几次志愿活动。在新冠肺炎疫情期间,在牛津大学接受联合培养的刘文杰,还作为志愿者帮助分发祖国寄给留学生们的防疫健康包,同时也在自己的个人微信公众号上记录下了在牛津抗疫的点点滴滴。

"无穷的远方,无尽的人们,都与我有关。"刘文杰十分注重自身党性修养的提高,参加光电学院井冈山党建骨干培训班,进行红色寻访,并在结班仪式上作为优秀学员发言。多次党建活动使他更真切地体会到革命先烈甘于奉献的精神,更加懂得感恩和坚定理想信念,从而能够始终怀着一颗赤子之心,手持国之重器,走在追梦路上。

这个来自甘肃、平时总是埋头研究的工科博士,内心十分柔软、细腻,爱好阅读、写作和摄影,并偶与朋友互通书信。无论是答辩还是组内分享,他喜欢用浪漫的方式介绍自己的研究。"虽然我做的是很理性的工科研究,但其实我是个感性的人。我相信人类的感情永远拥有无穷的力量,既能让人脆弱地泪流满面,也能坚强地超乎自己的想象。"

"我与我周旋久,宁做谁?"这是刘文杰的微信签名,也是他曾迷茫许久并坚持寻找答案的问题。在科研构想和实践中他已经找到了苦苦思索的答案——"我与我周旋久,宁做我",做本真的自我,做造梦者,更做一个风雨兼程的行动者。以研发属于我国的大国重器为追求,在力所能及的公益领域散发余热,这位文艺温柔的工科博士正在向着自己的目标继续努力。

原文字作者:浙江大学微讯社　宋雨煊
人物稿修订:毛俊杰(进行文字整理和编辑)

马天峰:勤学勤思,他成功打卡影响因子 47 的国际顶级期刊

■ 人物名片

马天峰,浙江大学医学院临床医学专业 2015 级本科生,本科阶段在影响因子 47.661 的顶级期刊《美国医学会杂志》(JAMA)上发表评论文章,以第一作者和第三作者的身份发表两篇 SCI 文章。

一名医学院本科生,带着自己的思考和实践,怀着对真理的热忱和坚持,成功打卡影响因子 47.661 的顶级期刊。他就是本科阶段在医学顶级期刊发表评论文章的临床医学专业国防生——马天峰。

灵感迸发,孜孜不倦

《美国医学会杂志》(*The Journal of the American Medical Association*,JAMA)是国际四大著名医学周刊之一,影响因子 47.661。JAMA 每年收到约 6000 篇稿件,其中包括一些约稿,最终稿件的接受发表率仅为 8% 左右。

2018 年国庆前,马天峰在浙江大学医学院附属第一医院临床见习,因为对血管外科抱有兴趣,他常常在其他科室轮转结束下班后,主动到血管外科的手术室帮忙手术。在这个过程中,马天峰提升了能力,积累了经验。也正是在这个时期,他认识了师兄邱宸阳(文章的通讯作者),两人成为一起做手术、探讨科研的好伙伴。放假前一天,师兄和他在探讨有关阑尾炎临床治疗问题时,谈到了近期在 JAMA 上发表的一篇文章,文章认为急性单纯性阑尾炎可以用抗生素保守治疗而降低并发症。

这篇文章的结论是否完全正确呢？马天峰产生了自己的思考。带着浓厚的兴趣，他决定尝试着写一篇评论性的 letter。虽然 letter 的发表概率只有 5%，而且难度比较大，时间紧迫，必须在国庆期间完成投稿才有效，但他还是决定作出挑战。

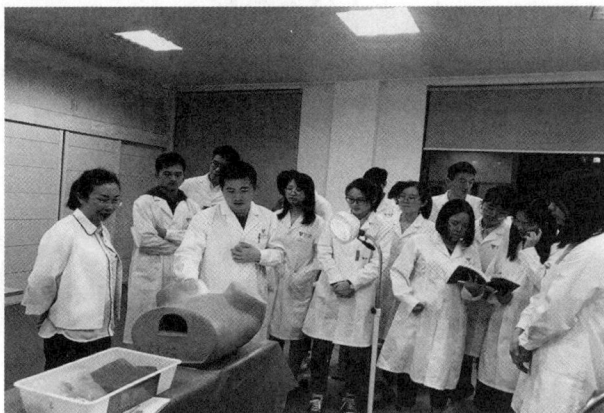

马天峰在医学院临床技能中心进行技能操作展示

之后的十几天，他一边为自己着手写的基础医学文章"Microcystin-LR changed the phosphorylation level of part of protein in insulin pathway of C2C12 mice muscle cell line"做最后的实验，一边为写 letter 反复阅读文章，查找文献，与学长交流并进行修改。对于马天峰来说，这是一段高压力的时间，而其中最让他着急崩溃的是 letter 的投稿流程。"不同杂志有不同的投稿方式，都是英文网站，很容易看漏或者弄错了，我又是第一次投稿。我花了将近两天的时间把要求步骤细节琢磨清楚，有不确定的地方就反复请教师兄。"就这样，他抱着严谨的态度和积极的心态，投入到高强度的文献查阅和文章撰写与修改工作中。

大胆质疑，小心求证

在认同作者研究精神的同时，马天峰对作者的结论产生了疑问。他发现在文章中，作者并没有把高概率的复发算入并发症，而事实上在目前所见的临床上，大多数阑尾炎都是直接开刀的，复发的可能性理应被划定在考虑范围中。

疑问和求知推动着马天峰进一步进行探究。理论和实践的碰撞很快迸发出思想的火花。通过对作者实验结果和对并发症定义的探索，再结合对患者的临床经验和国内手术的实况，他对作者的手术质量提出了质疑，认为还是手术治疗较为可行，并结合对患者的人文关怀对作者的观点进行了反驳。大胆的质疑、严谨的思路和热诚的科研精神最终催生出了一篇高质量的 letter。

马天峰获杭州市一医院腹腔镜技能大赛三等奖，
与指导老师朱阿考合影

在四个多月的审稿等待中，经历了多次返稿与反复修改，文章终于成功发表。抗生素保守治疗急性阑尾炎的原文章的相关 letter，JAMA 在全球只接受了两篇，另一篇来自新加坡。对于第一次又是短时间就成功冲击国际知名期刊，马天峰连连自谦是自己幸运。但事实上，这与他平日的努力和对学术认真严谨的态度是分不开的。

2017—2018 这一学年，马天峰有 200 多天的课余时间都是在实验室度过的。"在实验室看书，复习，做实验，也包括做一些社会工作，就差在实验室睡觉了，"他笑着说，"正是因为有了这几年的科研经历，才有那么一些底气向顶级期刊发起冲击。"

在大一上课过程中发现对实验有浓厚兴趣之后，马天峰在大二开始前尝试联系了医学院徐立红教授，进入了分子与生物化学实验室。"进实验室并非一开始就可以参与、上手的，而是一个相对长期的过程。"大二开始，先是"看学习"，即看师兄师姐做实验、使用仪器。这样学了将近一年，分到课题后又做了半年的预实验，才正式上手实验。实验中遇到的问题有很多，刚开始一些不懂的问题必然要请教师兄师姐，但在发现没有得到有效的解决时，自己要积极思考，重新回顾实验操作，操作不理想就重新再做。写文章遇到的困难一般总是在"前言"和"讨论"部分，这就需要阅读比较多的相关文献，阅读多了，视野广了，想法和思考的东西自然就多了。没有任何成功是可以一蹴而就的，其背后看不到的是无穷的努力和累积的汗水。

吸收经验，继续启程

　　letter 发表后，在收获同学们的祝贺时，他总是以谦逊的态度回应，"我自己知道我的真实水平到底如何。"马天峰把文章的成功发表更多归功于"运气"。"我觉得大家对我评价如此之高，我也需要在科研的道路上继续努力才行，能让我更加思考自己，是否配得上他们对我的评价。"这些高评价成为鞭策他继续前行的力量。有祝贺，有羡慕，当然也有批评。有评论认为这篇 letter 仅仅是评述，没有任何科研价值及意义。面对这些，马天峰的态度是承认自己的不足，但也不否认自己的努力及成果，"杂志存在着 letter 这一项，必然有它存在的道理"。

　　不因为高度评价而自视过高，也不因为负面评价而自我颓废，马天峰选择用更多的实际行动去证明自己。"JAMA 这篇 letter 算是对我在写作和投稿上有了一个系统的训练。"在这以后他继续实践着，推动自己的科研项目进展，在 *Environmental Toxicology* 期刊上以第一作者身份发表"Microcystin-LR changed the phosphorylation level of part of protein in insulin pathway of C2C12 mice muscle cell line"，以第三作者身份发表"The effects of microcystin-LR on insulin signaling pathway both in HL7702 cells line and mouse liver"。

　　2020 年的暑假，尽管已经本科毕业，马天峰仍然选择留在学校，为撰写这篇"Mid-term results of coil embolization alone and stent-assisted coil embolization for renal artery aneurysms"而发愁。这是他第一次接触临床科研项目，同样投稿了影响因子较高的杂志，因为临床数据并不齐全和完善，已经被拒稿三次。但实验还在继续，科研总是在不断试错中收获。

　　"科研是医学诊治的前沿，任何诊断、治疗都必须有循证医学的支持。"马天峰怀揣着对科研的热爱与责任感，以热情与坚持诠释着医学生的科研梦想。

原文字作者：浙江大学青年新媒体中心　林炬乙、吕串

人物稿修订：姚冰欣（补充采访，根据原稿删改）

齐俏：志远步坚，她有科研进阶的攻略图

■ 人物名片

　　齐俏，女，浙江大学信息与电子工程学院 2018 级硕士研究生，2020 年竺可桢奖学金获得者。曾在两年内发表 14 篇论文，其中一作 10 篇，包括 4 篇 Top SCI、2 篇 SCI 和 4 篇 EI；获得 2 项发明专利，出版 1 部英文专著，斩获 2020 年度浙江大学学生学术十大新成果奖，她跟随着无线通信的发展历程，在科研之路上，努力交出一份亮眼的成绩单。

　　"既然选择了远方，便只顾风雨兼程"，这是汪国真对生命的告白，也是齐俏对科研的告白。每一个深思熟虑的选择、每一份精益求精的钻研、每一次知行合一的实践，她用不忘初心的执着谱写了一曲动人的科学之歌。

志高自迩，百里挑一行远路

　　2018 年入学浙大之时，中兴正面临美国制裁，这让齐俏意识到自己的所学正契合国家发展的需要。没有跟随主流选择时下最热的专业方向，她选择了相对冷门的传统通信。知易行难，将心中的热忱真正付诸实践，需要一个人对自我的确认。未来的路有一百种选择，但齐俏锚定了自己的发展方向：从事无线通信 B5G/6G 基础理论与关键技术研究，致力于解决制约万物互联的瓶颈问题。

　　和很多人一样，在求学的路上，齐俏也经历了从迷茫到成熟的摸索。曾经，齐俏也是熄灯后深夜两点才睡的"熬夜党"，但她发现睡眠时间不足不仅容易使自己学习陷入疲惫和低效的怪圈，而且于身心健康有害。最理想的学习模式应

齐俏生活照

该是做一个"效率派"。

　　齐俏说："学习时要足够专注，沉浸式的学习要比深夜熬到作息混乱更高效。"在事物繁杂时，齐俏会把每一项任务列一个清单写在便签上贴在电脑前。根据事情的轻重缓急，有先后地一一解决。把学业在最短的时间内高质量完成，才能把更多的时间留给生活、爱好和实践。同时在不同状态中熟练切换，是齐俏的一项"特殊技能"。科研学习时，她的精神高度集中，不受外物干扰；累倦时，她也会通过追剧、打羽毛球来纾解压力和疲惫。"学习的时候认真学，玩的时候尽兴玩。"两种状态兼顾而不交杂，才能保障规划中的事情稳步推进。

　　齐俏对自己的求学科研生活也做了十分长远的规划。她考虑到研究生以科研为主，为了给自己争取到更充裕的研究时间、增加科研经验、提高科研水平，齐俏选择提前大半年进入实验室。大四没课，齐俏便充分利用了这段空闲时间。在完成毕业任务以外，剩下的时间基本都被利用来进行科研。提前的接触尝试使齐俏在科研之路上入门较早，所以等到研一的时候，她在学业与科研上也更加得心应手。

启真求是，精益求精著文章

　　回忆起写科研论文的过程，齐俏感触良多。她从模仿一些 top 文章的结构和写法开始，积累一些常用短语、逻辑连接词，勉勉强强写完了第一篇论文。她的导师陈晓明研究员在其修改的文档里，写满了密密麻麻的批注，甚于论文的内容。然而齐俏在写第二篇、第三篇时，收到的批注虽然少了，但也收到了导师的批评与鞭策："你已经不是第一次写文章了，不能还写得那么粗糙。"齐俏意识到，科研是一个精益求精的过程，锤炼细节需要靠自己的思考。在之后的论文撰写中，齐俏开始怀着一颗匠心，精雕细琢每一个细节，再发给导师修改。

"合抱之木，生于毫末"，科研是一个逐渐积累、探索求真的过程。齐俏说："我们一般从一个很细小的问题出发，向里、向内进行深究。"研究的开始往往始于小小的发端，从了解相关背景、阅读文献、寻找创新点、抽象建模、推导数学公式、设计算法，最后到仿真验证结果，每一个步骤都少不了科研者的钩深索隐。

到后来齐俏通过帮别人修改文章和担任审稿人，对文章的撰写也有了更加深入的体悟——写文章一定要换位思考。写文章好比讲故事，除了内容本身要充实丰富，形式也应该生动科学，这样读者才会有兴趣阅读下去。齐俏说："我认为一篇好的学术文章绝对不是很多华丽的辞藻堆砌而成的，它更应该是动机明确、通俗易懂、逻辑通畅、结构合理、推理严密的，最好是能够让一个几乎不懂的人也可以没有太多障碍地阅读并且有所收获。"

好思善言，放眼国际乐远行

齐俏的研究方向为无线通信与网络，在导师陈晓明研究员的悉心指导下，较早开展了对 B5G/6G 无线网络关键技术的研究，并参与了多个国家科技重大专项。齐俏的研究课题为"B5G 蜂窝物联网中供能、通信与计算的融合"，她的研究意在为下一代物联网的建设提供一种完整可行的解决方案，进一步融合未来垂直行业，支撑新一代移动通信基础设施的构建，助力实现万物智联的美好愿景。同时，齐俏也对 B5G 蜂窝物联网中供能、通信和计算的融合进行了全面的研究，并给出了可行的解决方案，从而为 B5G 蜂窝物联网的分析、设计和优化提供了重要的支撑。目前，齐俏已经持有两项专利发明。

对于科研者而言，不仅需要高水平的学术专注和科研产出，还要有较高的学术表达与沟通能力。正如齐俏所言，"我们不仅要会写论文，更应该会表达"。所以，参加国际学术会议也是科研中非常重要的一个环节，在会上不仅可以分享自己团队的科研成果，还可以了解国际前沿学术信息和最新的学术成果，尤其重要的是可以与来自全世界的科研人员进行面对面的学术交流。研究生期间，齐俏曾先后受邀参加在美国夏威夷、韩国首尔等地举办的顶级学术会议 4 次，并在会上作口头报告，这些交流经历让她受益匪浅。

齐俏获 2019—2020 学年竺可桢奖学金

此外,同行评审也是研究人员的核心工作之一,齐俏担任了本领域重要国际期刊和知名国际会议(共 4 种期刊、3 个会议)的审稿人,审稿超过 10 余篇。受邀担任审稿人在齐俏眼中不仅是专业上的一种认可,通过审稿她也能够获取业内最新的研究进展情况,拓展个人技能和知识。

"每一个认真生活的人,都值得被认真对待。"这是齐俏最喜欢的一句话。生活中的每一步,齐俏都走出了更加笃定的脚步,怀抱着对通信前景的坚定信心,她将继续在浙大读博深造,在无线通信方向躬耕不辍、矢志不渝,不断迎接新的机遇和挑战。

原文字作者:余丽赛

人物稿修订:刘益铭(根据原稿修改)

宋超：三年两获竺奖、两破世界纪录，科研是他的生活方式

■ 人物名片

　　宋超，浙江大学求是物理班（竺可桢学院和物理学系联合管理）2011级本科生，浙江大学物理学系凝聚态专业2016级硕士生、2018级博士生。他与团队分别于2017年和2019年两次将超导量子比特芯片上的量子纠缠比特数推进到世界最高值，研究成果发表于Science等国际顶级期刊。分别于2017年、2019年两获浙江大学竺可桢奖学金。

　　三年两获竺可桢奖学金，三年两破世界纪录。这样闪光的履历，属于浙江大学物理学系的一位博士生，他就是宋超。对于他来说，科研早已成为日常生活的一部分。

潜心量子研究，放弃保研出国

　　2011年，宋超进入浙江大学，就读于求是物理班。他对量子的兴趣开始于大二，"当时班里十分鼓励我们多和做前沿研究的老师们交流，了解相关情况。"于是他拜访了很多老师和实验室，尝试接触了不同的物理学研究领域。大四时，他放弃保研资格，准备出国，但当时他正做毕业设计实验，希望利用几何量子相位开发一种新型多量子比特逻辑门。实验尚未完成，此时出国无异于半途而废，留下遗憾。这让他停下了升学的脚步，留在浙大，还是出国深造？面临着重大的选择，那时本科刚刚毕业的宋超内心也非常迷茫：选择留在浙大，不仅要放弃梦寐以求的国外顶尖大学的深造机会，错过了保研的他在浙大的身份也会变得有

些尴尬；选择出国留学，就不能给毕业设计画上圆满的句号。

一面是热爱的工作，一面是广阔的天地。在两难的选择中，宋超的导师对他说："你留下来，我们在这里可以做出世界一流的成果。"导师的鼓励像一剂强心针，给了他坚定选择的信心。最后，在研究兴趣的驱使下，宋超选择听从内心的声音——留在浙大，潜心量子研究。这也正如他所说："我想是热爱让我在迷茫中依旧非常坚定地选择留下来。"最终，他们实现了当时世界上精度最高的四量子比特逻辑门，成果发表在 *Nature* 子刊上。"确实，现在我们做到了。"宋超的话语里有感激，也有自豪。在做了一年科研助理后，2016 年，宋超通过考研再次进入浙大。

宋超与代表性成果的合影

在普通人眼中，量子世界离日常十分遥远。每个物理学系的本科生在初入学时，都会经历"三观的重建"，宋超也不例外。他说，在微观世界里，原子和分子都按照量子力学的特有规律运动，而我们所熟知的经典物理定律，比如牛顿力学，是无法应用到微观的量子世界的。"但有意思的是，当微小的原子和分子不断累积，成为我们平时能看见的宏观物体时，它们所带有的量子特性就消失了，转而按照经典物理学的定律运动，这很挑战人们的三观，仿佛微观世界与宏观世界脱钩了。"宋超微笑道，"这就是量子力学有意思的地方，它与经典物理学之间的矛盾，让二者格格不入。"

突破量子研究，不负竺奖之名

2017 年，正在读硕士的宋超曾凭借多项科研成果第一次获得竺可桢奖学金。2019 年，他凭借着第二次刷新世界纪录的研究成果和包括 *Science* 在内的多篇顶刊论文再一次成为竺可桢奖学金的获得者。两获竺奖，宋超认为，竺可桢奖学金在给予他激励与鼓舞的同时，更多地代表着一种责任。这不仅意味着他将在科研、生活等方方面面对其他同学起到示范作用，还意味着他对自己的高标准、严要求，"不负竺奖之名，对我来说是一种责任。"竺奖的激励，给了宋超更多的信心与动力，去攻克科研上的难题。

2017 年，宋超和团队制备出具有 10 个超导量子比特的量子芯片，打破了原有的在固态量子器件中生成纠缠态的 9 量子比特数目的世界纪录。2019 年，宋超和团队将超导量子比特芯片上的量子纠缠比特数推至 20。

宋超在搭建量子测控系统

在测量 20 超导量子比特时，宋超和师兄遇到了奇怪的现象，"一些量子比特之间好像存在某些未知的相互作用，量子信息会转移。"回想起那时的情况，宋超笑着说："当时我们还和导师争论了很久，后来我们静下心来，先暂停了原先的实验，设计了一系列另外的实验研究这个问题。最后发现，这是一个以前物理学家曾提出过却没有在实验中验证过的新物理现象。"这个小插曲让宋超觉得研究过程变得更有意义，"研究中确实会出现很麻烦的情况，但当你静下心来去探究，可能就会有意外的收获。"

宋超介绍，国外的研究机构曾有过 20、50 甚至 70 超导量子比特的芯片的报道，但是他们制备出 20 超导量子比特芯片的意义在于实现了对量子信息的高精度操控。"我们做了很多设计，不断地测试反馈，再重新设计，优化芯片架构，改版了三四次，历时两年，才设计出现在的多量子比特芯片。"

通过量子模拟，研究者能发现更多原子、分子的运行规律，进行新药物和新材料的研发,还能建立模型对问题进行优化。宋超说,问题优化就像在群山中寻找最低的山谷。从起点出发,传统计算机若要找到最低的山谷,需要不断翻山越岭;而量子模拟则相当于提供了穿山的隧道,能更容易地找到最低的山谷,这在最优物流线路设计等实际问题中都有所应用。量子计算则能够帮助人们进行大数据分解,在提高信息安全性方面大有作为。应用于现实,造福社会,这正是量子研究真正的意义所在。

奔于真理之路,乐于科研生活

在人生道路选择上,宋超认为有两点至关重要:一是找到自己认为有价值的事情;二是选择自己喜欢的生活方式。而科研,正是这两点与他兴趣点的交汇。对他来说,科研有它的挑战和辛苦,更有意义和乐趣。科研内含帮助人类探索知识边界的重要价值,而量子领域的重要研究可以为祖国做出巨大贡献。科研所崇尚的独立思考、理性分析、自由想象,恰是他所追求的生活态度。现在,对宋超来说,科研是一件和吃饭、睡觉、锻炼一样自然的事情,已经成为他的生活方式。

最近几年,实验室逐渐实现了自动化,通过电脑就可以操控实验设备,测量实验数据。"我放假在家,躺在被窝里,看着电脑就可以操作实验仪器了。"宋超笑了笑说,"我们用电脑操控实验设备,就像一些人爱玩电脑游戏,唯一的区别在于,游戏里的场景和画面会出现在屏幕上,而对于我们来说,看到电脑上的实验数据,就能直接脑补量子运动、纠缠的神奇画面。"

"研究中确实会出现很麻烦的情况,但当你静下心去探究,可能就会有意外的收获。"宋超认为,普通人能够了解到量子的存在已足够。"而对于研究者来说,我们希望有进一步的研究成果,推进量子模拟和量子计算,更好地为一些基础科研领域服务。"

作为一名研究者,有成功后的欢呼,但更多的是失败的常态。不过,宋超认为,这也恰恰是科研的魅力所在。如他所言:"自然界是绝对公正的裁判,沿着追求真理的道路一路狂奔,是我想要的生活。"

原文字记者:《钱江晚报》　王湛、梅子仪、邱伊娜、柯溢能

浙江大学微讯社　邱鑫禹、周龙珠

人物稿修订:丛文筱(根据原稿修改)

孙书剑:遨游天宇的逐梦新航天人

■ 人物名片

　　孙书剑,浙江大学航空航天学院微电子学与固体电子学专业 2017 级博士生,皮星二号学生研制骨干,被浙江大学授予"皮星二号重要贡献奖",曾任浙江大学学生科学技术协会主席、浙江大学启新团(唐立新奖学金获奖者团队)主席,获竺可桢奖学金、国家奖学金、中国航天学科奖学金、唐立新奖学金和 2018 年"中国大学生自强之星标兵"、2020 年"全国向上向善好青年"等荣誉称号。

　　"10,9,8,…,3,2,1",发射现场的倒数声是每个航天人最期待的声音,孙书剑和他们一样。就像他在知乎上的个人标签"努力做追梦太空制胜未来的新一代航天人",孙书剑一直在努力诠释这个新一代航天人的称谓。对他而言,"真正的航天人从来没有忘记自己的使命是什么,也从来不曾忘却自己的目标。他们是沉默的,沉默去做,沉默去干,沉默去拼。"

千锤百炼,用坚韧和奋斗捍卫航天梦

　　孙书剑本科专业为水声电子信息工程,和航空航天有着巨大的差异。但是从小开始就对航空航天抱有浓厚兴趣的他,一直都渴望航天人这个充满了荣耀的称谓。孙书剑讲述了一个令他印象深刻的故事:2007 年,浙大团队研制的首颗卫星发射失败,团队遭遇"重创"。在做故障归零工作时,师生们将一条首长批示挂在实验室的墙壁上:"搞航天装备要有强烈的航天意识和管理程序、手段、方法。失利了,要认真总结,不是小修小补的问题,要全面整治,否则还要交学费。"

航天人严谨踏实的工作作风和无所畏惧的科研态度无一不深深感染着孙书剑,他时常这样勉励和约束自己:"颗颗螺钉连着航天事业,小小按钮维系民族尊严"。

由于本科阶段对航空航天的浓厚兴趣和潜心钻研,在研究生推免阶段,孙书剑联系到了他未来的导师金仲和教授,从此和航天技术结缘。2015年,孙书剑被浙江大学微小卫星研究中心金仲和教授的团队选中,来到浙江大学航空航天学院深造。"第一次走进课题组,一位师兄电脑屏幕上用专业软件做的卫星在轨动态仿真界面便给我留下了很深刻的印象,上帝视角般地看着太空中天体和人造航天器周而复始的运动,仿佛自己的心胸也变得开阔了。"孙书剑回忆道。从那以后,他愈加坚定了从事航天事业的决心,从零开始学习微小卫星技术的相关知识。孙书剑在自己的研究方向从事一段时间后,身边航天人的博学、严谨再次深深打动了他,科研人员"国家利益高于一切"的情怀完全折服了他。"这些都让我觉得自己的责任重大,也更让我期待看到用自己的力量推动技术发展。因此我只有更加严格要求自己,不停地学习。"终于通过潜心研究和学习,大量书籍文献的阅读,孙书剑对微小卫星技术建立了一定认识,慢慢地走上了自己的科研路。

攀登科研高峰,打造强国重器

孙书剑的研究方向是微纳卫星姿态和轨道控制,其中的微推进系统是重要的执行机构,将给予卫星轨道机动能力,但该项技术是一种较为先进的卫星推进技术,对其的研究在全球范围内仍处于起步阶段。于是孙书剑不断学习相关技术知识,开展相关技术的攻关,终于研制出了符合公斤级皮纳卫星各项要求的微推进系统——国内外同类产品中性能指标最好的液化气微推进系统,极大地降低了产品的研制成本。

型号任务在航天中有不可忽视的重要地位,不仅因为它严格的时间控制、质量控制精度,更因为它往往是关乎国计民生的重要任务。孙书剑在型号任务的研制中也充分发挥了自己的科研能力,其中最值得一提的是浙江大学皮星二号的型号任务。在皮星二号研制中,孙书剑作为团队的学生主力之一,承担了卫星平台轨道控制系统和核心载荷系统的研制工作。皮星二号型号任务时间紧、任务急,为了在从项目立项到发射仅11个月的期限内完成任务,孙书剑曾持续工作了四天四夜。由于科研工作贯穿了整个卫星任务周期,孙书剑要比其他学生付出更多的辛劳,也经历了更多的煎熬和磨砺。"那段时间手机是24小时开机的,经常在凌晨被一个电话叫回实验室,通宵更是家常便饭。"

孙书剑在浙江省高校 2018 年国家奖学金获奖学生
典型事迹巡回报告会中的汇报照片

但艰难过后，收获到成果的甜蜜也是常人无法体会到的。孙书剑回忆起了卫星发射当天他和他的团队在发射现场的情景："在发射场发射时，我们的测发大厅距离发射塔架仅不到 2 千米的距离，听着火箭引擎的轰鸣，看着火箭速度逐步提高，我们整个研制团队都玩笑说'感觉像是看着自己的孩子远走高飞'，情不自禁流下眼泪。"正是因为他的辛苦付出和全身心投入，在任务结束后他被学校授予"皮星二号重要贡献奖"。

航天知识科普，太空不再遥远

是什么成就了一个航天人？对孙书剑来说，傲人的科研成果并不是成就自己航空航天生涯的全部要素，在专注航天科研、突破前沿技术的同时，他还积极投入传播科普航空航天知识的工作中。身为知乎大 V 的他，常常会在平台上为他人答疑解惑，传播航空航天相关的知识，还被知乎邀请开设了"现代航天与微小卫星技术"专栏。从"宇航员在太空能看见太阳吗？"到"航天器在发射之前要先放在抽真空的环境下测试一下吗？"，从对航天器姿态控制书籍推荐到科普微小卫星技术的发展，孙书剑用自己的语言和知识竭尽全力地解答公众对太空的好奇，用自己的经历和感受引导下一代的航天人。除了借助知乎平台普及航空航天知识，2017 年起，受公益教育组织的邀请，孙书剑还以互联网直播的形式，给偏远地区中学生开展多次航空航天科普讲座。截至目前，他已开展线上讲座分享超过 20 次,涉及 9 省 17 所初高级中学,覆盖学生数超过 2500 人。

　　除此之外,作为学生负责人,孙书剑还牵头和主持了中俄大学生卫星研制合作项目,并在浙江大学本科生院、浙江大学航空航天学院、浙江大学微小卫星研究中心的支持下完成了"浙江大学大学生微小卫星创新实践基地"的成立和挂牌工作。2017 年初,基地接受各项审查和考核,被杭州市科协授予"杭州市科普教育基地"。

孙书剑在中国大学生自强之星标兵颁奖典礼上的获奖照片

　　正如孙书剑在知乎回答中的原话:"从有现代航天事业至今,全人类都对航天抱有极大的好奇、幻想,但航天事业至今从未脱下他的神秘面纱,乃至于很多内行人都是管中窥豹看航天。越是这样,就越能激发大家对航天的猜测和想象。应该说,这是航天事业的荣幸,恰恰说明了大家对于我们头顶上的这片星空无比关注。"航空航天科普也因此有着独特而不可或缺的意义。

　　沉默去干是孙书剑对航天人的定义,一步一个脚印是孙书剑对航天梦的交代。在航天路上,他的脚步踏实而稳重,他的目光炽热而坚毅。

原文字记者:浙江大学微讯社　郑舒怡、邢思雨

人物稿修订:陈灵莹(根据原稿改写)

章晓涵：志于道，游于艺，
她要做一个有温度的法律人

■ 人物名片

　　章晓涵，浙江大学光华法学院 2017 级本科生，2019—2020 学年竺可桢奖学金获得者。曾获国家奖学金、浙江大学一等奖学金、王汉斌奖学金、产城（社会实践）奖学金（团体）等荣誉。关注难民议题，担任中国模拟联合国大会主席团成员、泛长三角模拟联合国大会主席团指导。科研经历丰富，参与国家社会科学基金课题"信息时代网络犯罪立法理念与模式转型研究"，于中国信息通信研究院开展国际电信立法跟踪与研究工作。曾随团队赴美国访问前国务卿基辛格等各界知名人士。

　　"学习者""模拟联合国""想做 NGO""叙利亚难民危机"……令人艳羡的光鲜履历，于章晓涵而言是不断探索自我可能的过程。在法学道路上，章晓涵一直以开放的心态去触碰和感受这个世界，让思想更饱满，让视角更立体。

思睿观通，做有温度的法律人

　　和所有初来乍到的新生一样，章晓涵对大学生活怀有期待和好奇。一进校，便加入了"模联"、光华法学院学生会、光华法学院辩论队等好几个社团组织。

　　在组织中，章晓涵认识了许多有趣的同学和学长学姐，从他们那里获得了归属感以及许多帮助。她坦言，正是学长学姐的引导，让她能够相对早地脱离完全的迷茫，明白自己参加活动的意义。"不纯粹为做这件事本身而做这件事，不求有用，只求有趣。比如不纯为赢辩论赛而打辩论，重要的是思辨的乐趣。"

　　这种理念也被她贯彻在学习中。尽管参加了很多组织，章晓涵仍然投入大量的精力用知识充实自己。她认为，学习法学不纯粹是为了掌握这门技术，或是背出几个法条，而在于体悟学科内在的魅力。谈及学习方法时，章晓涵强调自己会比较重视在部门法的学习初期养成好的思维方式，其次要回归规范和案例。在进入中后期之后，多看论文，保持对学科发展的敏感性。最重要的是要始终保持思考的习惯，不能让大脑钝化，"琢磨出最适合自己的方法才是关键。"

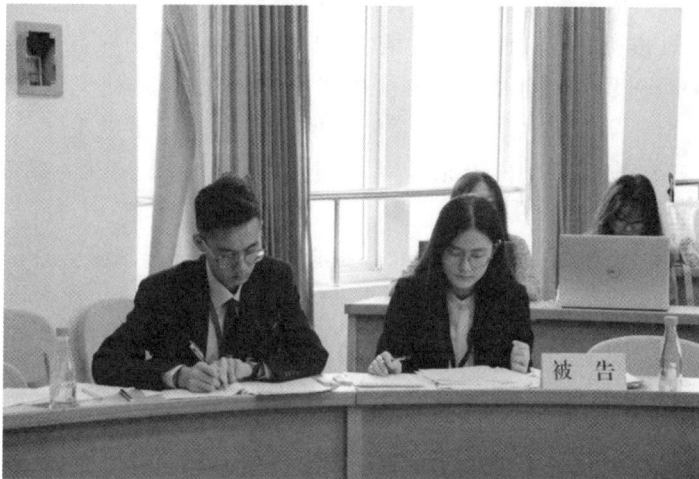

在厦门大学参加联合信实杯模拟法庭比赛，半决赛现场
作为领队和庭辩人出场（前排右一为章晓涵）

　　在章晓涵眼中，法学的多面个性满足了一个法律人对实用主义和人文主义的双重追求，在个人与广阔的天地间搭起了一座真实可感的桥梁。工学面向的法学让她体会到法律的融贯性，尤其是《中华人民共和国民法典》，从总则到分则，构建出法律体系之美；社会学面向的法学是从法学的窗口观察社会，将法学的实用性完美体现；哲学面向的法学涉及法学的根本问题，回答的是终极的价值关怀。在法学搭建的这座桥梁上，人类个体虽渺小，但与世界一直同频共振。

以人为核心，对公共事务保有高度热情

　　于章晓涵而言，法学不仅是学科，更是撬动社会变化的一块板。她用最柔软的心灵感知世界的真实，用更坚定的行动传达自己的声音。

　　最初，她非常关注国际难民问题，曾作为主要负责人策划并执行了"对话亚

非:非洲和中东视角下弱势群体的人文关怀"主题论坛;与公益组织共同未来、造梦公益联合举办"艺术赋权"主题画展;与浙江大学图书馆合作举办非洲主题系列活动,举办《卢旺达饭店》观影会以及"人文视野下的非洲"主题展览等。在心灵被难民问题触动的瞬间,她逐渐认识到人道主义和人文关怀的重要性,想在日后尝试做非政府组织和运营公益组织。尽管这一设想面临许多未知,但章晓涵觉得更重要的是能有想法,是永远保持能共情的能力。

而随着对法学理解的深入和社会体验的积累,章晓涵的兴趣方向渐渐发生了转变。新冠肺炎疫情防控中患者信息泄露问题激发了她对数据保护领域的兴趣——主动联系国际隐私专家协会研究中心,与其合作研究中国疫情信息披露问题。即使研究的领域变了,章晓涵的法律态度仍是以关注人本身为核心,即使从事数据保护工作,初心也是希望人们得到基本权利的保障,维护人的尊严。

章晓涵仍然记得大一参加模拟联合国会议时中国联合国协会会长卢树民的那句话:"你们今后可能不会从事外交事业,但你们所做的一切都将成为中国外交的底气。"随着时间的推移,卢会长这句话愈显其背后丰富的内涵,成为一盏指路明灯:尽自己所能,用中国经验构建本土化的法学体系,以此推动法治中国的建设。

正如章晓涵所说,"人是发展变化的"。但在她的多面外表之下,有着一颗一如不变的炽热内核。

访问基辛格,开拓国际视野

2019年8月,浙江大学晨兴文化中国人才计划前往美国访学,与美国著名大学校长、知名学者、政商界重要人士等嘉宾展开对话,章晓涵有幸担任了纽约地区嘉宾联络人。当在名单上看到美国前国务卿基辛格的名字时,她尽力抓住了这次珍贵的交流机会:与同伴商议每一个问题,字斟句酌;勇敢抓住提问机会,向基辛格询问如何看待技术与民主的关系。"作为一个学习公法的学生,基辛格的回答很有启发,这个议题也仍是我思考和研究的主要方向。"

对于章晓涵而言,第二次的访美经历更多起的是修正和填充的作用。"我至今还是会想起当初嘉宾对我们说过的很多话,甚至是动作和神态。比如哈佛大学校长巴科对我们说,'Life comes into sharper focus in a rear-view mirror',记得美国艺术与科学学会的前主席乔纳森·范顿指着会议室角落一个不起眼的壁炉跟我们说,'看见了吗? 这就是当年罗斯福炉边谈话的那个壁炉。'"在许多这样的接触与认识中，章晓涵感受到自己逐渐走出原来那个有限的区域，生命的深度和广度在被拓宽。

跟随文化中国参加哈佛座谈并合影（第一排左五为章晓涵）

在她眼中，法学容易成为一门"自给自足"的学科，如果不主动去接收外界信息，很可能会陷入重复劳动，周而复始地在解读法条中打转。"法律人更需要拥有开放的心态，用其他学科知识给养自己。这次访美帮助我更清晰地认识到，我需要与这个世界同在。"

"若侧重应用的科学，而置纯粹科学、人文科学于不顾，这是谋食而不谋道的办法。"竺可桢老校长这句话深深地影响着章晓涵，四年来，她一直没有忘记在法学学习过程中兼济法学的技术与情怀。志于道，游于艺，她将继续在未来勉力前行。

原文字记者：浙江大学学生会　钱嘉仪、杨璐琳
浙江大学微讯社　周思逸、迪丽茹
人物稿修订：何诗琳（文字删改及补采）

第二章　踏浪前行

习近平总书记曾说:"抓创新就是抓发展,谋创新就是谋未来。"一代代浙大学子在继承和发扬求是精神的基础上,不断培养创新精神,"创新"早已融入浙大人的血脉。新时代的他们有坚定的理想信念和不屈的顽强意志,用拼搏的汗水和不灭的向往编织着有关创新的梦想,革故鼎新、一往无前。

白云峰十年专注于创新 3D 传感器,坚持创造真正的"价值";李晨啸为运动者"量身定做"专属音乐,成功开发 APP StepBeats;孙永政"驯化"彩稻,为乡村建设兼有观赏价值与经济效益的彩稻景观;屠德展以科创为笔,连续两次获得日内瓦国际发明展最高荣誉;张剑扎根乡村推广稻渔种养,用科学种植技术助力农民增收;浙江大学 AAA (Azure Assassin Alliance)战队立志守护网络安全的堡垒,在互联网安全顶尖赛事中崭露头角……

"世界会向那些有目标和远见的人让路。"他们敏于观察、勤于思考、善于综合、勇于创新,能够正确对待前人理论,学百家之长。在浙大,总能找到志同道合的人,一起做喜欢的事情,踏浪前行。

白云峰：创业要坚持创造真正的价值

■ 人物名片

　　白云峰，浙江大学管理学院管理科学与工程专业 2014 级博士生。光珀智能科技有限公司董事长兼 CEO，利珀科技联合创始人。曾获第 13 届"中国大学生年度人物"、首届创新创业英才奖，2016 年获"创青春"全国大学生创业大赛金奖，2017 年以全场最高分的成绩获得第三届中国"互联网＋"大学生创新创业大赛的全国总冠军。

　　在如今涌动的创业浪潮下，存在着大量机遇，但也充满了风险和挑战。浙江大学一向重视并鼓励学生创业，而在浙大创业界，研究生期间就创办了公司的白云峰，是个绕不过的"重量级"师兄。

发现痛点，解决问题，寻找价值

　　2012 年的时候，白云峰首次尝试创业，创立了他的第一家公司——杭州利珀科技有限公司。

　　最初，白云峰并没有想过要去创业。研二时一次偶然的机会，在当时浙江大学管理学院院长吴晓波教授的鼓励下，白云峰去浦江一家平面片材的生产企业进行调研。其间，他发现工厂里的检测工非常难招，检测工人检测出来的产品质量也参差不齐。总经理告诉他，产品检测非常费眼力、耗体力，愿意干这活的越来越少，产量也受到限制。

　　了解到这些，为了给企业解决难题，白云峰联系所学，思考是否可以用机器来代替人眼，比如先给产品拍照，然后通过图像识别分析这个产品是好还是坏，有没有残次品。这个念头孵化出了白云峰第一家公司的雏形,目的是要解决在工厂工业检测中检测工难招和人工检测产品质量不稳定的问题。

白云峰在 2017 年强鹰十周年盛典上

想到就立马去做,白云峰拿着几个工厂带回来的产品,找到了他的好朋友浙大光电专业直博研究生王旭龙骑。两人一拍即合,凑了三万块钱,在学校附近租了个 10 平方米的"农民房",开始了"机器换人"的第一步尝试。生活条件差,但他们依然每天连续工作十几个小时,他们的废寝忘食换来了针对平面片材生产企业产品质量问题的第一台检测机得以快速上线。应用了新技术的企业因为此项装备能够给出标准的检测报告,拿到了 200 万美元的外贸订单,直接扭转了差点倒闭的颓势,证明了他们技术的可行性。相继卖了几台机器后,他们获得了几十万元的收入,又经过几年的准备,克服了种种困难,终于搬到了临安青山湖科技城,迈上了发展的快车道。白云峰总结自己的创业经历时说道:"创业表面看上去是机缘巧合,实际上无论是创业还是在公司就业,背后都有一些共同的东西,那就是寻找价值。"

化挑战为机遇,寻求新的出路

白云峰敏锐地在产品质量检测中看到了"机器视觉"巨大的市场需求,这让企业正式起步,还获得了杭州市"青蓝企业"、杭州市"雏鹰企业"等各项荣誉。但在这个过程中,他们遇到的问题远比白云峰想到的多得多。

第一款产品成功后,白云峰公司开始做第二款产品,定位为胶囊检测产品。胶囊壳生产过程中的破裂、黑点和其他问题靠肉眼识别效率很低,因此,白云峰认为这是利用机器视觉的一个非常好的场景,所以他们将第一款机器挣到的大部分钱和融资的钱都用来研发这个机器。

经过了半年的研发，在产品几乎要达到客户要求的情况下，2012年4月15日，央视《每周质量报告》曝光了"毒胶囊事件"。一时之间，药企纷纷停工，白云峰公司作为相关企业，也受到了巨大打击：三台成品和两台半成品样机全部被封掉，所有的资产、设备和下一个项目全部被冻结。毒胶囊事件导致了公司的重大战略性产品失败，初见起色的公司遭遇重大打击，白云峰也不可能不沮丧。但是仔细地分析市场后，白云峰仍然认为工业的产品检测是一个可以真正创造价值的有前景的市场，所以尽管遭受了失败，他依然决定快速寻找下一个市场。于是公司迅速调整了战略方向，拓展了太阳能检测市场，生产出了第一批能够做到国产替代欧美进口的太阳能检测产品，如今利珀科技已经占据了中国80%～90%太阳能检测设备的市场。

光铂智能两位核心成员（从左至右依次为白云峰与陈嵩）

在继续发展的过程中，白云峰也没有将注意力仅仅停留在产品检测市场。偶然的机会，白云峰接触到了浙大的两位老师，提出了一种全新的三维传感器模式。白云峰和他的合作伙伴们看到了在深度相机这种传感器上存在巨大的市场空间，可以广泛应用于无人驾驶等各个领域。所以当时白云峰从创造价值的角度考虑，决定不光要把利珀科技做好，还要做一种更先进的、应用空间更广阔的技术。在这种想法的驱动下，白云峰在利珀科技的内部成立了10人的项目组，专门做光珀前身的技术开发和应用，两年后独立成为一个新的科技公司，即光珀智能——专注做3D传感器。

回顾自己一路走来的创业历程，白云峰认为做技术创业，特别是底层核心技术创业，的确非常艰难。白云峰自己所研究的这项技术，也是做了十年才真正实现量产，公司也才进一步扩展，变得更加稳定。所以白云峰得出经验，创业不会容易，一定会遇到很多问题，但是在这个过程中，一定要坚持下来，并且一定要寻找这个产品能带来的价值。"当你真正做下来，发现它真的能给客户带来价值，就会使你在面对困难的时候更容易坚持下去。"

创新驱动创业，要掌握自己的核心技术

白云峰的创业经历是整个中国创业浪潮中的一朵比较成功的浪花，在他背后，各种各样的创业故事正在中华大地上上演着。

谈起创业路，白云峰曾在接受《人民日报》专访中详细讲起创业的不易和艰辛，但更多的是对创新创业的实践体悟和科技强国的责任担当。"国外能做出的产品，我们通过核心技术创新也能达到同等或超越的标准，这才是实现个人价值和国家发展相统一的创业路。"

2014年11月，李克强总理来浙大考察，白云峰正好在图书馆查资料。总理笑盈盈地坐下来和大家座谈，讲了一句话："高校的创业是要以创新驱动的。"这句话让白云峰醍醐灌顶，明白技术创新是最重要的驱动，大学老师和大学生的创业应该把核心技术作为支点！连夜，他通知团队成员，第二天头脑风暴的主题就是"怎么用创新驱动的思维来考虑当下的产品规划"，白云峰马上就把这次座谈的成果在创业团队中实施下去。

白云峰说："我们现在确实处在一个非常好的大环境下——我们是在中国，是全世界最渴望技术突破的国家。"白云峰依靠技术的创新，而不是单纯的商业模式的创新，研发了自己的核心技术，在全中国鼓励创业创新的大环境下，在政府的支持和领导的关怀下，成功创业，创造了一份自己的价值。他将自己的创业梦想和爱国情怀结合在一起，这是一条披荆斩棘、寻求技术突破的创业路，也是国家技术创新、在未来大国竞争中崛起的必经路。

原文字作者：浙江大学管理学院　段婷、陶晓燕
图片来源：浙江大学管理学院
人物稿修订：李坤（整合原文）

陈天润团队：学霸寝室里"玩"出的打印机

■ 团队名片

　　陈天润及其寝室成员（张上展、吴成恺），是浙江大学信息与电子工程学院电子科学与技术专业 2018 级本科生。他们在寝室里发明了一款便携式自行走打印机——GoPrint。该项目斩获了第五、六届浙江省"互联网＋"大学生创新创业大赛金奖与第十二届"挑战杯"中国大学生创新创业大赛金奖，目前已申请了多项发明专利和实验新型专利，并有部分发明专利已获授权。

　　寝室里可以做什么？组队开黑、四人斗地主、夜宵 party，又或者是学习互帮小组？浙江大学电子科学与技术专业大三学生陈天润和室友们给出了不同的答案——他们在寝室里发明了一款便携式自行走打印机，GoPrint。"乔布斯在车库里做出了第一代苹果电脑，而我们在寝室里自己捣鼓出了 GoPrint 的雏形。"陈天润笑道，"发明创造更重要的是你的想法，是想法加上 validation——验证的过程。想法哪里都可以去想、去讨论，不一定是在实验室里。"

一方寝室，一点灵光

　　"在寝室和在实验室其实没什么不一样，反而更适合自由讨论。加上时间也充裕，我们几个同学都有这样的想法，就决定去做了。"在陈天润看来，在寝室里捣鼓发明更像是一种堂吉诃德精神，充满激情，积极主动，信心百倍，去思考，然后验证想法。虽然验证的想法不一定是特别精美或者完整的，但过程本身会带来不一样的感受，特别有意思。

　　至于为什么要做一个发明？陈天润的回答是"酷"。"我们本身就想做点酷的东西，想做点有意思的东西。"事实上，GoPrint 并不是他的第一个作品。"我们之前就做过一个自己设计、制作的无人车，然后在学校里跑，这还是挺有意思的。""比较会搞事情"是陈天润对自己的评价。也因为有过相关制作的经历，他们的寝室中有很多设备，电钻、热熔胶枪、螺丝刀，足以支撑他们最初的创作。

　　在这样的想法下诞生的 GoPrint 当然也足够"酷"。它体积虽小，却可以实现对自身几倍面积的材料的打印。而目前市场上的打印设备中，移动打印便携但使用场景和效果比较局限，不能实现一整页的打印；传统打印机则实用性较强，却不便携带。便携性与实用性的统一在 GoPrint 上得到了实现。从2019 年 5 月最小概念验证原型的完成、落地，GoPrint 目前已申请了多项发明专利和实验新型专利，并有部分发明专利已获授权；先后斩获了第五、六届浙江省"互联网＋"大学生创新创业大赛金奖与第十二届"挑战杯"中国大学生创业计划竞赛金奖；成立公司，并与供应商和渠道商紧密合作，首批产品也会在2021 年出货。

思维碰撞，共同成长

　　如果说寝室只是一个空间，那么室友无疑是其中的灵魂。陈天润很向往《社交网络》中扎克伯格寝室里的 collaborative learning（合作学习），而他们寝室，最具特色的就是"交流与合作"。

　　"你甚至都不知道你的舍友们有那么多想法，了解那么多东西。"说起自己的舍友，他说他很幸运，"我的室友都比较厉害，各有特长。一个室友动手能力特别强，他对工程上的一些电路、手工、设计非常了解，我们的设计稿有一些 bug 之类的，他都能够把它装起来。大家经常会聚在一起进行一些头脑风暴，关于有什么有意思的产品可以做，或者说我最近看到了什么有意思的产品、有意思的技术，又或者是一些刚刚发表的论文，这个事情非常难得。"他很高兴，也很感激有这样充满激情的舍友。他们热爱他们的专业——电子、计算机这个领域，一起学习、讨论，不断在讨论中得到提高。"两个苹果放在一起还是两个苹果，但两个 idea放在一起就会有 n 个 idea。"

参加第六届浙江大学校友创业大赛（左一为陈天润）

寝室讨论的内容不仅仅局限于课业知识，更多的是与本专业相关的一些拓展内容。"可能跟课业不是直接相关，但对于我们对专业知识的理解，包括整个视野的开阔都很有帮助。而且到最后可能会发现一些知识都能应用于实际生活中。遇到问题，可能突然发现这个知识以前接触过，问题就迎刃而解了。"相比于只追求绩点，陈天润和他的朋友们更希望去拥抱更广阔的天地。

敢想敢试，迎接挑战

创业伊始，陈天润遇到了很多困难，同时也获得了许许多多的帮助。"比如我们学院的辅导员，他给我们提供了很多的支持，包括帮我们找人、对接导师、对接资源。还有我们指导老师，给了我们很多指引。"提到这些人，陈天润十分感激。

为了让产品走出寝室里的那方小小天地，推广到更广阔的地方去，陈天润试图组建自己的创业团队，推进产品的商业化，但这个过程并不容易。"当时认识的人也不多，又得让人家对此感兴趣、愿意参与到我们的创作中来，确实付出了很多努力。"幸运的是，一支成员来自国内各大高校和海外高校的专业化团队最终被成功组建起来。从最初的概念验证，到设计最小可行产品（minimum viable product），再到各种原型制作和生产，这支团队一路披荆斩棘，最终促成了 GoPrint 的面世。

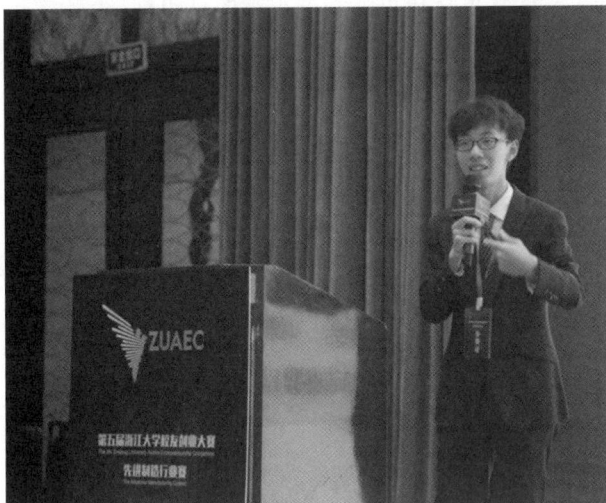

陈天润参加第五届浙江大学校友创业大赛先进制造行业赛

"敢想敢试"是团队成功的重要原因。小到一个元器件的选型,在难以抉择时全部买来一一尝试;大到一个项目,从一开始的点子,到最终得以落地——敢于创新,直面当今市面上的空白,直面外国垄断打印机行业的局面;敢于落地,化想法为事实,不断试错,不断更新设计,突破人力物力的限制;敢于面市,把小想法化为大产业;敢于做梦,有足够的自信,今天能捧起奖杯,明天就能销量过千、上万。正是这样的敢想敢试,诞生了如今展现在我们面前的"智能打印机先行者"GoPrint。

未来愿景,一路高歌

对于未来,陈天润已经有了明确的规划,"我会继续把产品做下去,进行产品迭代。继续与专业团队合作,准备进入更大的市场。继续探索新的技术,不断了解新的技术方向,通过讨论碰撞出新的 idea,合适的话就去做。"同时,他透露:"我们正在积极地寻找投资机构,现在已经在孵化相关的新产品,也会把它落地实现,推进产品市场化。"

在不远的将来,我们或许可以把打印机像充电宝一样随身携带,我们可以用打印机在墙壁上打印世界名画,我们可以用打印机打印出一张精美的明信片,送给我们爱的人……突破传统,让打印不再被定义!

或许有一天，当你拿出背包里那一方小小的打印机，注视它灵活地行走在各种材料上时，你大概也会想起它的创始人们，那些敢玩、敢想、敢做的青年，用他们的坚持和热血去点燃你心中最绚烂的想法，去唤起那一份最纯粹、最真实的热爱！

原文字作者：浙江大学青年新媒体中心　吴双、魏桢麒
人物稿修订：王镜明（根据原稿修改）

高超:摘得"设计界奥斯卡"大奖,他专注于为哮喘儿童定制未来

■ 人物名片

高超,浙江大学软件学院工业设计工程专业 2019 级硕士研究生。2020 年,高超所带领的小组凭"甜甜的呼吸"(Sweet Breath),同时斩获 iF 设计新秀奖(iF Design Talent Award)和红点设计概念奖(Red Dot Design Award)。

"路漫漫其修远兮,吾将上下而求索。"总有一些事情值得人们以一颗赤子之心,持之以恒,反复摸索。对高超而言,这一条"路"指的便是满载付出的创新之路。2020 年 10 月,高超和团队成员获得 iF 设计新秀奖和红点设计概念奖。

将心比心,诚挚关切与人方便

高超、王实、陈昱君小组参赛作品"甜甜的呼吸"使用人群主要面向儿童哮喘患者,这一灵感正来自日常的问题与团队的思考。

对大部分人而言,疾病治疗的过程比较痛苦,遑论一些患有慢性疾病的儿童。那么如何通过一些独特的、人性化的手段将这一负面影响降到最低? 高超一直在思考这样一个问题。与此同时,在查阅资料的过程中,团队成员敏锐地发现,面向特殊人群的医疗产品的设计方面,参与人数与作品相对较少,对儿童治疗感受的考虑也并不全面细致,在这个方向下的产品设计还有着很大的可挖掘性。因此,团队集中力量对这个方向进行理论钻研与实践。

然而,团队在实践过程中遇到了诸多困难:多人小组中组员的设计思路难免

会有冲突与分歧,比较小众的设计理念意味着可参考的资料较少,设计产品同时要考虑它的创造性与实用性……在夜以继日的努力下,为哮喘儿童设计的呼吸训练器"甜甜的呼吸"(Sweet Breath)最终面世。在日常条件下,产品的内壁透明无色。选择训练难度后,在向进气口吹气的过程中,在内壁中均匀分布的扇形区域会改变颜色,循环往复几个周期,这款产品的"显示屏"会变成一抹亮眼的彩虹。通过游戏化的交互手段,这个训练器将治疗的过程转化为一个类似玩游戏的过程。哮喘儿童的注意力被转移至游戏上,痛苦感和治疗过程的负面印象大大降低,极大地方便了治疗的开展。

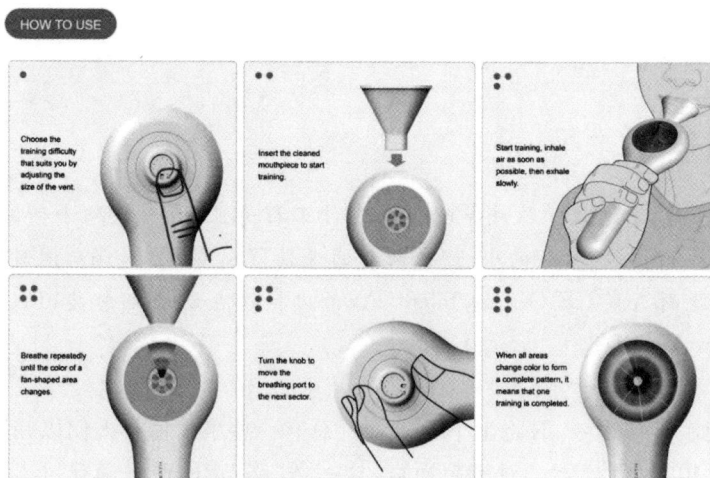

"甜甜的呼吸"产品使用说明

相扶相持,思维交融迸发灵感

"每一个人的思维方式与思考角度,都存在或大或小的差异。"高超明白,人与人之间存在差异是十分正常的,与此同时,这些差异如果利用得当,可以互相补充,可能让一些陷入死胡同的想法峰回路转,柳暗花明,进而产生全新的结果。所以,每次小组讨论时,大家都会交换彼此的观点与看法,互相补充,进行整合,以求找到新的角度。主题确立之后,小组成员在外观设计上卡住了,一时间不知道如何下手:怎样才能增强产品外形的趣味感,让儿童患者乐于接受呢?

为了解决这一问题,在一次团队交流中,大家一起提出很多小孩子感兴趣的元素,整理出不同的关键词并进行进一步的选择。本着创意与实用兼具的原则,高超与组员一起在诸多的关键词中筛选出"彩虹""棒棒糖"这两个元素。这两个元素斑斓的色彩与童趣的外形打动了高超小组，经过多次深入讨论，他们决定"甜甜的呼吸"就从这两个方面着手进行设计以增强趣味性，提高产品与孩子们之间的互动程度。综合多种观点，进行多次调整后，"甜甜的呼吸"便以一种酷似棒棒糖的米白色外观问世了。随着呼吸训练进程的不断推进，孩子们就可以在这个"棒棒糖"中吹出一道又一道的"彩虹"，当完成一整个训练周期时，孩子们便会收获一个镶嵌"彩虹"的整颗棒棒糖。这个过程给予了孩子们一种成就感，帮助他们获得愉悦的心情，为他们的治疗过程增加了一抹难忘的记忆。

无心插柳，点滴努力浇灌未来

"思考设计角度的过程中，没有收获的概率非常大。"对于自己同时获得两项大奖，高超显得比较平静，他坦言自己最初更多的是抱着锻炼能力的想法参加了比赛。"无心插柳柳成荫"，高超几年如一日的努力与积累，带来了如今的成就。

搜集资料，提出想法，熬夜设计，及时复盘……从 2019 年决定参赛起，高超将自己一贯的认真和努力带入每一个环节中。一步一步地摸索，坚持将事情做到足够令自己满意的程度。

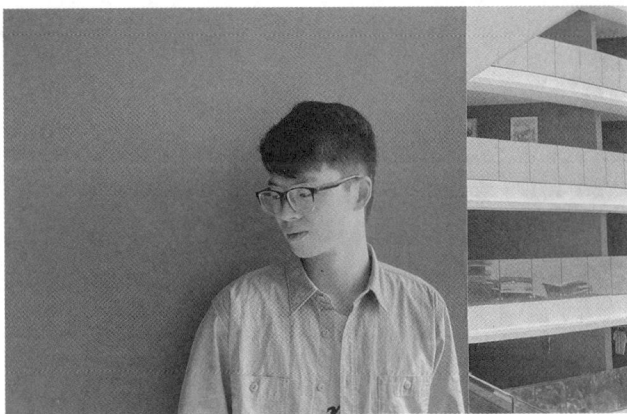

高超在工作室

确定参赛产品是面向特殊人群的医疗器械后，高超根据老师的意见，一丝不苟地查阅、分析文献，总结归纳其中具有借鉴意义的特点，晨起晚归。"沉下心来"早已成为高超的座右铭，即使日复一日看似毫无收获，他也坚持沉下心来，汇总每日的问题，浏览相关的设计网站与微信公众号，分析总结每一个触动自己的设计观点,每当有新的想法涌现的时候,高超就会迅速利用手机便签将其记录下来。在不断汲取新知识的同时,高超也尝试着内化于行:在理解所查阅的设计理念与产品的思路上,另辟蹊径,提出自己的不同观点,多想一想普通的事物能否有着不同的角度。而这种想法无疑开拓了高超的设计思路,提高了他的设计水平,为接下来"甜甜的呼吸"产品的产生提供了很大的助力。

将心比心,以己度人,高超以这样的精神指引自己创新道路上的方向。脚踏实地,勤勤恳恳,高超以这样的品质克服自己求索路途中的困难。善用众力,诚挚合作,高超以这样的态度吸引自己思想旅行中的伙伴。怀揣着对未来充满希望的炽热心情,高超将继续在求是园中勉力跋涉,在未来的科研道路上继续绽放着属于自己的光芒。

人物稿撰写:史玉桐(采访)

李晨啸：当创意遇上创业，
且看他的"极客"人生

■ 人物名片

李晨啸，浙江大学传媒与国际文化学院广告学专业 2016 级本科生，他所带领的团队开发的作品 StepBeats 获得第三届中国"互联网＋"大学生创新创业大赛总决赛金奖、2017 年中国高校计算机大赛移动应用创新赛一等奖，受邀参加 2018 年苹果全球开发者大会并获得奖学金。

2018 年美国圣何塞，350 名苹果全球开发者大会奖学金获得者汇聚一堂，共同出席苹果全球开发者大会（WWDC），李晨啸就是其中之一。凭借一份 StepBeats 作品，他从浙大出发，先后斩获多个奖项，走向国际，拥抱世界。但事实上，进入大学之前，李晨啸从没想过自己会走上创业的道路，更没有想到能够登上苹果全球开发者大会的舞台。但可以肯定的是，开发 StepBeats、获得"互联网＋"国赛金奖和苹果全球开发者奖学金，不会是他"极客"生涯的终点。

"我想，我就要去做"

李晨啸喜欢画画。从小开始学习素描、水彩的他，不论是在色彩的选择方面，还是在构图的精巧程度上，都展现出对于设计独特的敏感性与创造力。"初中我们做过全透视效果的黑板报，老师来上课都说感觉可以一眼望到底。高中的时候我们尝试用喷漆，还试过用泡沫塑料做出了像等高线山脉那样立体的错落有致的黑板报。"

音乐之于李晨啸也是生命中不可分割的一部分。他购买了大量的音乐制作工具,上网学习音乐制作的课程,在网易云音乐也开设了独立音乐人的账号,与他人分享音乐带来的乐趣。

正是出于对音乐的浓厚兴趣,当听到身边的朋友抱怨"在跑步机上跑步,步频和音乐常常不能够匹配"时,李晨啸很自然地萌生了一个想法——能不能随着步频的节奏给运动者"量身定做"专属音乐呢?

经过一段时间的思考,李晨啸的脑海里渐渐有了可视化的场景:"假设有个比手机大的容器,容器里装满小球,容器和小球之间均符合物理学定理,现在把手机想象成用户拿在手里的沙锤,小球就是沙锤里面的沙粒,步伐节奏影响沙粒的运动方式就可以想象了。"StepBeats APP 的原始构想就此诞生。

李晨啸个人生活照

就像他喜欢的《马男波杰克》中的 Todd 一样,怀着"我想,我就要去做"的冲动想法,李晨啸拉上两个伙伴,开始了每天凌晨睡、清晨起的生活。经过一段时间的探索,StepBeats 项目应运而生。

这是一款将 step(步伐)和 beats(节奏)结合在一起的 APP,它能够在用户跑步时调用手机的传感器,实时监测用户的跑步状态和跑步速度,借助人工智能和算法生成音乐,每个用户都可以拥有自己独特的音乐节奏,"每个人都可以跑出自己的生命节奏,让创新创造成为每个人的渴望"。

"你只是你，向前走，莫回头"

　　这份 StepBeats 作品，让李晨啸先后获得了 2017 年中国高校计算机大赛移动应用创新赛一等奖和第三届中国"互联网＋"大学生创新创业大赛总决赛金奖。但李晨啸的创业脚步远不止于此。

　　获奖之后，李晨啸以原始团队为框架，注册了"不亦乐乎"科技公司，拿到了第一笔风险投资。"不亦乐乎"公司的产品，目前都和音乐有关。"我觉得音乐就是语言，是我表达想法的媒介。"李晨啸说，"'不亦乐乎'一语双关，音乐和快乐，对我来说同等重要。"

　　2018 年李晨啸给自己立了个 flag，"五年内去一次 WWDC"。他也坦言，"没有想到第一年便成了现实"。

　　2018 年，他成为全球 350 名苹果全球开发者大会奖学金获得者之一，和团队中另外两名获奖者一同受邀参与 2018 苹果全球开发者大会。与会期间，他结识了许多朋友，有苹果的工程师，有创业公司的合伙人，有其他的奖学金得主。比如另一位奖学金得主 Mark，李晨啸和他有着相似的生活经历：高中观看发布会、捣鼓代码。"从相视一个微笑到成为扯上一路的话痨，共同的身份让我们彼此信任，我们都是开发者；共同的梦想让我们彼此鼓舞，你就是下一个改变世界的英雄。"

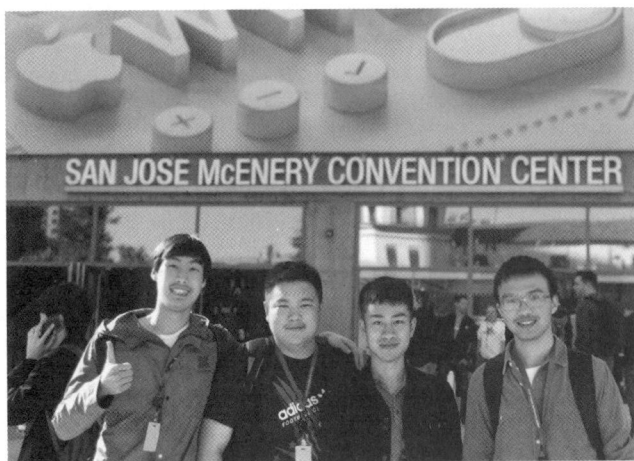

李晨啸和团队成员受邀参与 2018 年苹果全球开发者大会

李晨啸告诉自己,在他们面前,你真的没有什么东西值得沾沾自喜。"在这里,在全球的舞台,你只是你,不急躁,不功利,不骄傲,向前走,莫回头。"

"新时代的年轻人就是要去挑战全世界"

浙江大学广告学专业有一门叫作"跨文化传播"的课程,任课老师章宏在上课时曾说过这样一句话:"很多人本身就是浙江人,来到浙大上学,大学毕业后在杭州找工作,视野未免太过局限。"李晨啸对此深以为然,他来自嘉兴海宁,来到浙大上学,不过他觉得自己应该走得更远,"整个世界才是我的舞台"。

2018年5月,李晨啸在杭州"2050大会"(由杭州市云栖科技创新基金会与志愿者共同发起的一场关于"年轻人因科技而团聚"的非营利活动)的新生论坛上说:"如果你来到浙大这样一个开放多元的校园,心里却一直想着毕业以后要去找一份年薪多少的工作,那就太浪费浙大这样好的平台了。"李晨啸不喜欢被限制,他认为新时代的年轻人,就是要去挑战这个世界,去"忘掉世界,思考未来",做更多有意义、有挑战的事情。他想在未来设立一个"玩世不恭奖学金",想让这个世界有更多"玩世不恭"的人。

因此,李晨啸还在网易云音乐和苹果博客创立了"浙大深夜电台",通过音乐跟听众分享自己的生活点滴。2017年浙大120周年校庆时,他花四个小时把浙大校歌改编成rap版本,引起了热烈反响。"对于我来说,创业只是一种手段,一种能够让我不断输出作品、保持活力和创新的手段。""浙大深夜电台"的节目充斥着李晨啸天马行空的想法,"像电子云一样探索世界""20年后,火星上见""为什么房间是房间"……未来要做什么?李晨啸没有给出一个明确的答案,他并不想给自己的人生设置诸多的限定与规划。

他说:"人生的节奏并非一成不变,我要的就是热爱世界,热爱创造的本心,永远随着自己人生的节奏而律动。"

原文字作者:浙江在线　石天星
《钱江晚报》　邱伊娜、王湛
浙江大学求是潮　张拓
人物稿修订:何思怡(根据原稿删改)

庞婧璇、张紫璨、叶文文：
寝室姐妹花斩获全国一等奖，
她们说要打破性别偏见

■ 人物名片

庞婧璇、张紫璨、叶文文，浙江大学信息与电子工程学院 2016 级本科生。三人组成的团队在"TI 杯 2019 年全国大学生电子设计竞赛"中获得全国一等奖。三人均保研至浙江大学信息与电子工程学院，为浙江大学 2020 级硕士生。

在"TI 杯 2019 年全国大学生电子设计竞赛"中，团队成员均为女生的参赛队伍可谓寥寥，其中能够走到最后的更是凤毛麟角。而由浙江大学信息与电子工程学院的庞婧璇、张紫璨、叶文文三人组成的"娘子军"，不仅走到了最后，更是取得了全国一等奖的好成绩。

三人三色，齐心协力创造精彩

这个金牌团队的默契不是一两天培养出来的，三位北方姑娘的缘分要从进入浙江大学说起。面对众多学科专业，信息与电子工程学院是她们不约而同的选择。张紫璨心中的信电，软硬结合，知识面广，可以锻炼多方面的能力；同样地，叶文文认为，在刚进入大学不明确自己的方向时，选择接触面更广的学科方向是较好的选择。进入信电学院后，庞婧璇发现身边的老师、同学都踏实努力，身处这样的大环境，不觉更有归属感和动力。正如学院的一句口号——勤奋乐观，她们这样学习着，也朝着这个方向努力做着。

特别的缘分让三人在大三时聚集到了一个寝室，从此成为一起成长的学习伙伴、亲密的舍友、交心的挚友。因为课程安排相似，她们经常一起上课，玉泉校区的教四也常常有她们一起自习的身影。生活并不只有紧张的学习，乐观直爽的几个姑娘不喜欢给自己太大的压力，劳逸结合是她们的生活方式。她们眼中的寝室，气氛轻松欢乐。这是一个有仪式感的地方，每每完成了繁重的课业任务或是考试，寝室内建都会安排起来，毕至居、KTV、春游秋游……志同道合的关系在丰富多彩的集体活动中更为融洽。

203 实验室，共同奋战的时光

道阻且长，行则将至。从春夏学期选择"电子系统设计"课程开始，她们便开启了全国大学生电子设计竞赛这段富有意义的征程。"长学期的课程中，老师带领我们巩固了数字电路和模拟电路的相关知识，也引导我们建立系统的概念，训练和总结设计思路；配套的实验课程则帮助我们熟悉一些电子电路的常用软件。这些理论和操作在后续的培训和比赛中都成为必不可少的基本储备。"和以往偏重理论的学习不同，培训过程中，她们的动手实践能力得到了很大程度的锻炼。

夏学期真正的备赛培训开始后，难度和任务量都明显加大。一方面，操作的不熟练带来了硬件方面的困难，"记得在做第一个完整电路时，我们感觉每个元器件都在'劝退'我们，出现了各种各样的问题。"她们至少耗费了六个夜

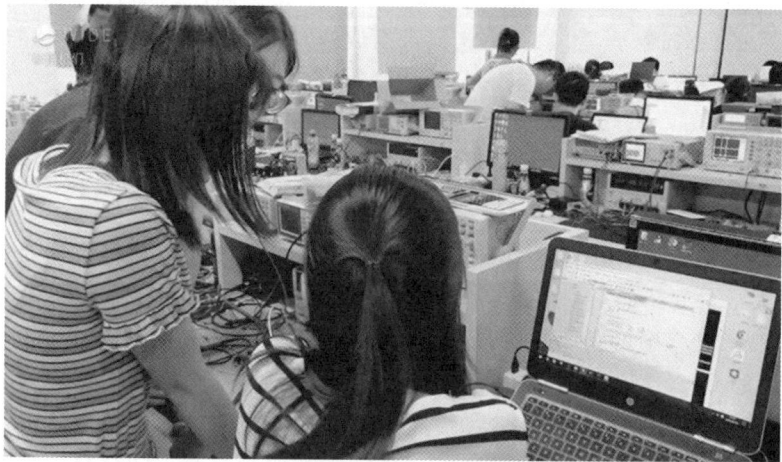

三人在实验室的日常

晚才调试好第一个完整的电路系统。迎着 11 点多的月光回寝室时，她们心中也常产生自我怀疑，可第二天她们还是斗志满满地出现在玉泉校区外经贸大楼 203 实验室，与电路板"斗智斗勇"。调试中的每一次新进展，都让她们欣喜不已。

另一方面，备赛周期长，这让她们不确定坚持这么久会不会有结果。从 2018 年的春夏学期一直到 2019 年的 8 月，她们也经历过挫败，陷入过自我怀疑，时常觉得迷茫。对于她们和其他打算参赛的同学们而言，伴随杭城酷暑而来的，是最为关键的短学期培训。一个多月的集中培训中，大家在 203 实验室共同奋战，学习理论知识、焊接和调试电路；大家也经常一起交流，或是为了某个方案各抒己见，或是疲惫的时候一起吃饭聊天，无论是思维的碰撞，还是共同奋战的情谊，都让这段时光成了宝贵的记忆。

她们的坚持和执着，心中对全国大学生电子设计竞赛的向往，队友的互相鼓励，老师的悉心指导，都是她们一路前行的不竭动力。如今再谈起那段最初接触电路设计的经历，她们说："现在已经知道当时刚刚上手，的确是在方法和知识上有非常多不足，所以才会遇到这么多问题、花费这么多时间，但仍然感谢那段时光，见证了我们对电路设计从陌生到熟悉的成长。"

愈战愈勇，向光而行的过程

2019 年 8 月 7 日国赛开始，前期所有的付出和准备都要在这四天三夜之间得到真正的考验。她们参赛的电路系统是"简易电路特性测试仪"，从方案设计到硬件调试、软硬件级联、系统完善，出现问题便追根溯源、冷静分析，每一次改动都要重新考量是否对系统有其他影响。那几天正值台风"利奇马"来袭，但由于从早到晚都在实验室，她们只有在凌晨回寝室途中看到地上被吹断的树枝时，才意识到外面已经过了一场"腥风血雨"。三人还不忘开玩笑说，"是电赛保护了我们呢。"

由于国赛成绩较高，她们被浙江省赛区推荐参与全国奖的角逐。综合测评不允许外带任何电子设备进行仿真或计算参数，需在封闭环境中于七个小时内完成一个电路系统从无到有、从方案到实物实现的过程，并达到各项指标。无暇去想自己面对的是来自各个高校的优秀对手，她们争分夺秒，尽全力完成电路。好在功夫不负有心人，她们最终在测评中反超前面的队伍，再次领先，获得了到上海参加复测，争取全国一等奖的机会。

三人在浙江参加省赛时的合影（从左至右依次为张紫璨、庞婧璇、叶文文）

到了2019年8月20日的复测，她们将原本的"陪跑"心态调整为更务实的"稳扎稳打"。"得之淡然，失之坦然。只希望不出意外。"她们用这样的话语来使自己平静，却没想到收获到了意料之外的惊喜——复测中稳定的电路系统和稳当的表现，让她们以全国一等奖的成绩为整个夏天的备战画上了圆满的句号。

回忆这段赛程，她们说道，一路走来听到最多的惊叹是来自老师、专家们的"哇，三个女生，厉害！""虽然明白这是大家对我们的肯定，但是谁说女生在逻辑思维和动手能力上就一定弱于男生呢？"她们用实际成果证明"女子未必不如男"，用实力打破性别偏见。未来的她们将在浙江大学信息与电子工程学院继续研究学习，在人生的赛道上勇往直前。

原文字记者：浙江大学微讯社　华佳宁

人物稿修改：张启（根据原稿修改）

钱志强：解决"醛"世界难题，扬帆沧海，心向梦想

■ 人物名片

  钱志强，浙江大学农业与生物技术学院茶学专业2018级本科生，所负责的项目"与'醛'世界为敌——世界首创的高效降解甲醛污染物解决方案"填补了相关领域的技术缺失，获得第十二届"挑战杯"中国大学生创业计划竞赛总决赛金奖。

  "创业"，这一个简单的词语，承载了许多中国大学生的梦想。有这样一群人，敢想，敢做，并且凭借自己过硬的综合实力，在创业的道路上愈行愈远。钱志强，就是他们中的一个——他和自己的团队一起，克服种种困难后凭借"与'醛'世界为敌——世界首创的高效降解甲醛污染物解决方案"获得了第十二届"挑战杯"中国大学生创业计划竞赛总决赛金奖，在创业之路上迈出了坚实一步。

人文关怀，裨补阙漏

  随着现代工业文明和科技的发展，"甲醛"这一曾经生僻的名词逐渐走进了人们的视野：它会刺激皮肤黏膜，具有致敏作用、致突变作用，高浓度的甲醛甚至成为很多疾病的诱因。如何解决甲醛污染，成为当今世界面对的一个重要问题。钱志强就是在这样的环境中初次接触到甲醛这一概念的：各类关于甲醛危害身体健康的报道，让他对甲醛的危害有了初步的了解，也在他心中悄悄埋下了一个种子。

但是，在后续的调查中，钱志强发现，当今市面上并没有十分有效的降解甲醛的方法或产品。使用最多的活性炭效率较低、成本较高，而较为先进的生物酶和光触媒技术则必须在一个较为严苛的环境下运行，而且可能对人体造成一定的副作用。真正有效的、无害的甲醛降解方法似乎仍未出现。

那么，真的没有办法解决甲醛降解的难题了吗？

钱志强沉思之后，萌生了一个大胆的想法——亲自参与甲醛降解难题的研究。在他看来，这不仅能够创造自身价值，也能够为人类发展作出贡献。

于是，一支以寻找高效降解甲醛污染物方案为研究目标的团队诞生了。

团队合作，艰苦钻研

在科学界，化学催化剂除醛已经被一部分人认可为除醛的最佳方法。在钱志强和他的团队开始研究之前，世界上已经有很多团队就此开展了研究实验，却都没有一个比较圆满的结果。"这个反应就是甲醛加氧气催化成二氧化碳和水，它本身就有生成水，但对于催化剂来说无疑是一个不利的影响，因为水会覆盖在催化剂的表面，降低催化效率。"他还提到市面上已有的一些相关产品，例如空气净化器。它们以不断加热催化剂为代价的，移除反应生成的水，不仅耗电，而且对催化剂本身的性能也是有损伤的。因此这类产品寿命往往比较短。

产品的研发是一个漫长的过程，需要团队协同合作。在这个研究之前，项目带头人章凌与化学系肖丰收教授的课题组成员已深耕分子筛催化剂领域数十

产品实物图

年,在反复实验和结合已有成果的基础上,钱志强团队做出了进一步的创新,利用疏水性分子筛作为载体。这种多孔结构能实现对甲醛的选择性捕获并保持催化位点的高活性,不仅保证了捕获概率,大大提升了分解效率,也极大降低了能耗。

历经上千次材料筛选及性能表征,他们成功首创了以全新的疏水性沸石分子筛作为载体的铂纳米催化材料 HZP(hydrophobic zeolite platinum)。这种新型智能 HZP 催化材料的特殊孔道结构设计使其针对甲醛有着超强附着能力,利用复合贵金属的强氧化性使得甲醛分子一旦接触到材料表面,即被分解为二氧化碳与水。而且它在−20℃至 400℃且相对湿度低于 100％的环境下始终保有的较高活性,保证了催化中心不被水分子附着,催化剂也始终具有高活性和长寿命,实现了在室温下对甲醛"发现即捕获、捕获即分解",完美解决了市面上其他催化材料时效性短、活性低的难题。可以说,HZP 智能除醛材料是第一款真正意义上实现无需更换的除醛材料。且经 CMA 专业机构认证,HZP 智能除醛材料除醛率高达 96.3％,且"急性经口毒性实验"表明该材料无毒无害母婴安全。

扬帆未来,自信起航

备赛阶段,由于时间紧迫和资料尚有不完善,所有人都压力倍增。但这样一群心怀热血与梦想的年轻人并没有轻言放弃。他们白天模拟答辩演练,晚上开会讨论、修改相关材料。参加比赛前,答辩的 PPT 前后换了三个版本,商业计划书、视频简介、演示实验等共同推进。10 月的杭州,天气已经转冷,由于条件所限,组员们挤在没开暖气的办公室里。比赛的前一天,所有人一起通宵修改材料。

天道酬勤,钱志强所在团队的成果不仅获得了第十二届"挑战杯"中国大学生创业计划竞赛总决赛的金奖荣誉,相关研究论文也已经发表在多篇世界顶级期刊上,同时拥有多项授权发明专利。目前,团队已与金螳螂集团、达峰汽车等多家知名公司达成战略合作。

在聊起影响成功的因素时,钱志强很肯定且愉快地表示:"能够感受到浙大对创新创业的扶持力度之强,事实上我们也得到过非常多的来自学校的帮助。"在这样一个积极友好的大环境里,他毫不怀疑自己前进的道路:"以后的目标,就是继续在创业的这条道路上一步步走下去吧。今后无论遇到什么样的事情,都不会忘记此刻在领奖台上获得的一些东西,以及浙大对我们的支持。"在钱志强看来,创业可能是人类最有价值的事情之一,因为人类前进的每一个足迹,都有

钱志强与队友参加第十二届"挑战杯"中国大学生创业计划竞赛

创业的影子。"大学生创业,重要的是迈出第一步的勇气,接下来,每一天都坚持且全力以赴,不断问自己:我今天过得怎么样? 我过得充实吗? 我过得是不是非常有价值? 如果你的答案每天都是'是',那创业其实是一件水到渠成的事情。"

对于想要创业的学弟学妹们,他给出了自己的建议:"勤看书。"钱志强自己平时就有多读书的习惯,管理学、心理学等多个方面都有所涉猎,在他看来,大学里的课程学到的知识是远远不够的。

"创业者的素质绝对不是一般人的素质,创业者的勇气绝对不是一般人的勇气,创业者的眼界必须是可以看到更远的地方,看到未来的。"

原文字作者:浙江大学报　王耀敏、陈灵莹
人物稿修订:于嘉悦(补充采访,整合删改)

任宇凡：科创区里披荆斩棘的少年

人物名片

任宇凡，浙江大学计算机科学与技术学院信息安全专业 2016 级本科生，辅修竺可桢学院工程教育高级班，连续三年专业成绩排名第一，三获国家奖学金，获 2018—2019 学年竺可桢奖学金。原杭州心弦科技有限公司 CTO。在杭州心弦科技有限公司期间，所在团队曾获 2018 年中国高校计算机竞赛移动应用创新大赛特等奖、最具创新奖，第四届中国"互联网＋"大学生创新创业大赛金奖。

高考后仅以提档线进入浙大，面对压力跨大类转专业、辅修竺可桢学院工程教育高级班，每学期平均修读学分超过 30 分，并连续三年专业成绩排名第一，三获国家奖学金，荣获竺可桢奖学金……"如遇横逆之境遇，则不屈不挠，不畏强御。"竺老校长的这句话一直陪他前行，也是他的真实写照。他就是浙江大学计算机科学与技术学院信息安全专业 2016 级本科生——任凡宇。这个男孩的闪光点还远不止如此，他没有满足于课堂上学习的知识，而是不断地在科研中、在创新创业中实现着自己的梦想。

梦想：从 AI 出发，让人类社会更好

"从 AI 出发，'理解'人类，智联世界，让人类社会更好，便成了我的梦想。"梦想的起源是三年前和能源学院李道飞老师的一次长谈，"李老师关于人工智能和自动驾驶技术的展望让我感受到了一名科研工作者的热情以及人工智能的潜力。"任宇凡回忆。从那一刻起，成为一名顶尖的人工智能科学家便成了他

的梦想。

人工智能，是一项有影响力的技术，但它的影响可能是正面的也可能是负面的。此外，有的人工智能成果在实验数据上表现不错，但如何把技术落地到现实生活的项目中，使它真正地得到运用，还需要不断探索。任宇凡也一直在思考：我们能不能在生活中发现一些需要改变的点，使之成为"落地项目"，为推动人工智能的正面应用做一些自己能做的事情呢？

关于实现这一梦想的具体路径，他用了一个蒙特卡洛采样的比喻，这是一种通过计算机实现统计抽样从而获得近似解的方法。"其实我们都希望过上理想的生活，即在所有可能的生活状态中寻找最优生活的分布。而如何达到这样理想的分布，需要我们不断修正采样算法，在每个时刻，从经验和当下的情况做出判断，做出改变，从而转移到新的状态。"这就像用人工智能修正当下的不便利，让人们的生活更加理想，又像追逐梦想过程中的查漏补缺，从而寻求梦想的实现。他对此也满怀希望："我觉得，其实我们只要朝着心中的梦想不断努力，把这一切都当作成长的过程，不断总结和学习，我们总会在某一天达到梦想的彼岸，只是早晚的差别而已。"

任宇凡在法国参会

正是因为有"从 AI 出发，让人类社会更美好"这一共同理想，一群优秀的同学聚集在一起，形成了一个富有凝聚力的团队。也正是因为有"用 AI 让人类社会更好"这样一个比较大的目标在前方，一个又一个困难被他和他的小伙伴不断克服着。

创业：一次与同龄人一起的探险

创业，在任宇凡看来更像是一次全新的冒险。

最初，在老师指导下，任宇凡与队友共同参加了本科生科研训练计划国创项目，一起做出了一个乐谱自动识别系统和一个自动编曲系统。在队长郑涵佳的带领下，他们的成果获得了 2018 年中国高校计算机大赛移动应用创新赛"最具创新奖"。虽初出茅庐，却已让旁人刮目相看，但他的脚步绝不停止于此。随后国创团队一起创办了杭州心弦科技有限公司（Mind Band），他也成了首席技术官（CTO）。作为一款随心而动的音乐创作平台，它以"Follow your mind, the world is your band"为主旨，针对普通音乐爱好者的创作需求，解决音乐创作中的各种问题。Mind Band 里熔铸了任宇凡和队友们扎实的知识、前沿的技术和登高望远的思维。这一项目一路披荆斩棘，斩获 2018 年度中国大学生计算机竞赛移动应用创新大赛特等奖和第四届中国"互联网＋"大学生创新创业大赛金奖。

参加第四届中国"互联网＋"大学生创新创业大赛（左一为任宇凡）

当然，这个创业项目不是一蹴而就的。回忆起为什么要进行这个创业项目时，任宇凡这样说："最开始创业主要是考虑到了这三点：时机、团队和兴趣。当时我们团队在移动应用创新大赛中已经取得了一些奖项，有了知名度和一些投资人的关注，可以说是有一个比较好的机会。另外，非常幸运的是我们吸引了一批非常优秀的浙大同学加入到我们的团队，这给了我们做下去的技术基础和坚持下来的信心和毅力。"时机和团队就像"天时"和"人和"，为这次创业的冒险提供了先决条件。

"此外，对于我个人来说，受到浙大创业创新的氛围的熏陶，也希望去探索未知，做一做自己没有做过的事情。"浙大的创新沃土就像"地利"给予他滋养。

在"天时""地利"和"人和"等条件的作用下，创业项目取得了许多成果。努力也给任宇凡带来了真实的满足感："当第一次听到自己亲手写的模型生成的音乐时，我们团队有人说这就像是听到自己'亲生子'的声音一样。而且事实上，这个音乐真的挺好听,于是后来我们一遍一遍地外放,仿佛是一种自我陶醉。"宇凡说着便笑了。这次创业的冒险,他是开心的。

路途：在试错中敏捷迭代

"对我来说,最开始的科研,其实并不是特别顺利。但是我总觉得成长的过程就是不断试错,然后失败,再去试错的过程。"在加州大学洛杉矶分校参加暑期科研项目(CSST)的时候,由于对接手项目不熟悉,在第一个月的工作中他遇到了很多问题。"这个过程中很重要的一点是不要丧失信心。除此之外,我觉得迭代的速度比较关键。就算一直失败,但是只要迭代的速度够快,探索的方向没有错,不断努力之下总还是可以有所收获的。"

"不断地去失败,然后去修正,最后就可以走到正确的地方","不要害怕出错,那是你成功的开始",他一直强调试错并不可怕,重要的是从失败中学习,在不断修正的道路上成长。

他的创业探索之路,也曾经历过冬天。那时团队希望按照一种通用的方法实现算法模型,代码被快速实现后,后续实验中却出现了许多与预期出入极大的情况:团队开始一点一点排查错误,一个人找不出问题,就两个人,两个人不行就大家一起上,直到发现平台基础模型存在明显的问题。团队耗费了一整个寒假来填补漏洞。

但他并不因差错而气馁,也不因耗时间而后悔。"那一段时光是我大学最快乐的时光之一。当一群人为了相似的目标聚在一起,大家舍弃休息时间,经常在一起讨论,这说明了他们是很热爱这一项事业的,这样的经历是很难得的。"他从来不认为自己是孤立的个体,团队协作让他能更好地前行。

任宇凡最喜欢的小说是《三体》,最喜欢的电影是《流浪地球》。他漂泊在科幻的宇宙里,又将现实与科幻的奥妙相连,计算机和代码就是他连接科幻与现实世界的神奇画笔。以坚定的信念和乐观的心态为基,他在人生中飞速跑动着自己的代码。

原文字记者:浙江大学学生会　潘璐、邓灵池

ZJU 微计录　胡迪斐

人物稿修订:罗田(补充采访,根据原稿删改)

孙永政:致力于农业创业,
红色筑梦点亮人生

■ 人物名片

　　孙永政,浙江大学农业与生物技术学院农业昆虫与害虫防治专业2017级硕士研究生,"一亩彩禾"创业团队的合伙人,作为主旗手代表浙江大学参加第五届中国"互联网＋"大学生创新创业大赛"青年红色筑梦之旅"全国启动仪式。

　　2019年,第五届中国"互联网＋"大学生创新创业大赛在杭召开。浙江大学农业与生物技术学院研究生孙永政作为主旗手,参加了"青年红色筑梦之旅"全国启动仪式。每一次的创赛都给他带来了新的收获,他也从中获得了新的突破。

农业创新:"驯化"彩稻为农服务

　　"学农爱农助农",这是每一位农学学子不变的座右铭。作为农学院研究生的孙永政,早已将这一精神深深融入创新创业实践之中,入学之初便立志在农学领域有所创新,助农扶农。

　　在和导师的交流中,孙永政第一次接触到了彩色稻谷。随着对彩色稻谷了解程度的不断加深,想要将彩色稻谷落地的念头在他的脑海里越来越强烈。在信念的驱动下,他和农学院俱乐部的成员们共同组建了一个结合美丽乡村建设与产业扶贫的景观项目。

　　同所有创新创业项目一样,实际操作的过程中,彩色稻谷的项目也遇到了许多的问题。作为景观设计和美丽乡村建设的结合体,彩稻景观设计需要综合考虑所在地区的文化传统和风俗节日。但团队中的大部分成员都不是设计学科班出身。为了使彩稻景观兼具观赏性和独特性，团队成员需要提前收集大量相关素材并实地走访。在充分调查的基础上，初步明确景观图案，然后根据现有的彩色水稻品种对图案进行颜色搭配，多次反复修改，才能最终确定彩稻景观图案和施工图纸，完成彩稻景观施工的初步设计工作。随后的种植过程也需要团队成员下地手工完成，即使天气炎热也不敢有丝毫马虎。孙永政引用了袁隆平老先生的话打趣自己："我的工作让我常晒太阳，呼吸新鲜的空气，这使我有了个好身体。"

　　无论是本科还是研究生阶段的学习，孙永政的研究方向总是围绕着水稻展开，他相信自己和水稻与农业的缘分是命中注定的，希望通过"一亩彩禾"这一农业创新项目打造四位一体的商业模式，为当地的农民带来一份额外的收入，为乡村振兴、精准扶贫贡献大学生的力量。

彩稻团队劳作期间合影（右二为孙永政）

砥砺前行：拓展彩稻生命周期

　　在项目获得第五届中国"互联网＋"大学生创新创业大赛金奖后，孙永政开始思考如何让"一亩彩禾"在更大的舞台上发光发亮，获得更久的生命周期。

　　尽管"一亩彩禾"已经得到社会的广泛认可，目前团队的彩稻设计水平和推广规模等方面也处于国内领先水平，但随着国内外新生彩稻景观创业项目如雨后春笋般冒出,彩稻景观的核心竞争力和行业壁垒正被逐渐突破。"我们需要不断突破自我,将目光放得更加长远,深刻剖析彩稻景观农业的现状和未来,只有充分了解我们创业领域的优势和弊端,才能更好地趋利避害,保证项目始终具有前瞻性和创新性,保持项目的创新活力和核心竞争力。"

一方面,团队聘请了农学院的吴殿星教授作为项目指导老师。被誉为"彩色水稻之父"的吴教授长期从事彩色水稻品种选育工作,拥有多项彩色水稻品种专利。团队希望能在吴教授的指导下选育出颜色种类更丰富、产量更高的彩稻品种,为彩稻景观创作提供更多选择和可能性。另一方面,团队积极尝试彩色水稻的营养价值应用推广。相比普通大米,彩色水稻含有更高的原花青素、类黄酮、锌、铁、钙、维生素 B、蛋白质、粗纤维等营养物质。彩米粽、彩米酒、彩米糕等系列农产品将与彩稻景观相辅相成,成为项目发展的重要引擎。

利用彩稻设计的"求是鹰"

"我们想不断巩固和发展'一亩彩禾'创业项目的行业地位,不断做大做强彩稻事业,为脱贫攻坚和全面小康贡献属于青年人的力量,早日实现中华民族伟大复兴。"

筑梦之旅:面见总理为农业创新代言

在孙永政心中,创新创业大赛是一个交流分享的平台,是一群志同道合的人共同欢庆的舞台。

参加创新创业大赛需要投入大量时间、精力,不少事情都要从零开始。为了更清晰地展现出彩稻项目的内容和特色,孙永政与团队成员多次推敲、完善项目内容,尤其是展示所需的 PPT 与文稿,努力做到字字翔实。在准备"青年红色筑梦之旅"的启动仪式时,为了更好地表现浙江大学学子参加"双创"周的形象,孙永政准备了 5 秒、10 秒、30 秒、1 分钟等各种不同情景下的汇报方案,力求完美。

在踏上创新创业大赛"青年红色筑梦之旅"的赛道伊始,孙永政也没有料到自己能够代表学校、代表浙江成为赛道全国主旗手。

时隔多年,每当想起和李克强总理在"青年红色筑梦之旅"中见面握手的场景,孙永政仍会心跳加速。"激动的心,颤抖的手",这是他形容与总理见面时的自己。他也未曾想过有一日能与总理面对面地汇报工作,每每看见自己与总理的合影,那日的场景便重新浮现于眼前。在他看来,这是对他的学习和工作的最大鼓励以及肯定,也是对所有创业创新项目参与者们最大的鼓舞。"我敢闯,我会创"这句口号,在孙永政身上体现得淋漓尽致。

他骄傲地分享了一个小故事,总理在看见他衣服胸前的"浙江"二字后,特地询问他是不是来自浙江大学,在那一刻他更加深刻地感受到了作为一名浙大学子的自豪与骄傲。

"我来自农村,是农民的孩子。"爱农学农早已是孙永政血液中不可磨灭的精神。现在,他积极响应新时代的西部大开发战略,只身前往青海,投身于祖国大西北的建设中,通过农业创新努力让当地农民拥有一个相对稳定可获得高收入的渠道。让农民增收,助力精准扶贫,正逐渐从他的理想变成现实。

原文字作者:浙江大学青年新媒体中心　毛若男、王晋丽
人物稿修订:柳江源(补充采访,整合删改)

屠德展:现实为纸,科创为笔,绘实干蓝图

屠德展,浙江大学控制科学与工程学院控制科学与工程专业 2016 级硕士研究生,发表 SCI 论文 4 篇,录用国际会议论文 1 篇,获得省级以上学科竞赛奖励 13 项,包括连续两届日内瓦国际发明展最高荣誉——特别嘉许金奖、第十一届中国青少年科技创新奖、第十五届"挑战杯"全国大学生课外学术科技作品竞赛特等奖、第十四届"挑战杯"全国大学生课外学术科技作品竞赛全国一等奖,累计申请、授权国家发明专利 8 项,实用新型专利 4 项,软件著作权 12 项。

聚光灯下,屠德展斩获第十一届中国青少年科技创新奖,两度将日内瓦国际发明展最高荣誉——特别嘉许金奖收入囊中……赛场外,更新管网拓扑结构时,搬运重达上百斤的大口径铁制材料;水压过大造成水阀意外脱栓,在冬天被水淋得湿透……成果与奖项的背后,屠德展付出的是加倍的努力。

刻苦钻研,直面行业重大难题

"工欲善其事,必先利其器",本科时,屠德展广泛学习测控技术与仪器相关基础课程,为专业课的系统学习打下基础。大学前三年成绩名列前茅的同时,也非常注重技能的培养,擅长嵌入式开发,熟练运用 STM32、FPGA、MSP430、C8051F020 等系列芯片。大三时,在熟练掌握专业课程的基础上,他全身心投入科研竞赛中,加入了"优秀生导师计划"。在赛场上过关斩将捧回荣誉时,他心中对科学技术的求知欲也不断增长。

2016年研究生入学以来，屠德展在导师侯迪波教授指导下，致力于城市供水管网漏损检测系统研究。水质安全关系千家万户，地下供水管网漏损率却普遍偏高，造成严重的资源浪费，甚至威胁到居民生命健康。市场上却仍缺乏高效技术来解决这一困境。当时屠德展主要从事物联网技术、异常检测算法领域研究，又对这些技术在水质在线监测、供水漏损检测方面的应用有浓厚的兴趣，所在的课题组也是专注于解决这些痛点。好的平台给了他一边实践一边了解科技前沿、学习新的技能的可能。

与传统的管外检测方式不同，在管道内部的检测方式环境条件更加恶劣。如何在漏损后快速定位排查漏损位置、减少损失，是一项极具挑战性的工作。为了克服这一难题，屠德展全身心投入，勇挑重担，带领团队设计完成了一种全新形态的管道机器人系统。该机器人系统具有精密的机械结构，可在管道中移动，评估沿途的微小泄漏，让传统的管外人工听诊误判漏判的问题得到有效解决。

牛刀小试，从跌倒的地方站起来

科学天才往往万中无一，成为竞赛大牛的目标却可以在一次次比赛中努力抵达。2014年的电子设计竞赛是屠德展参加的第一场重要科创赛事。大赛由主办方在网上发布赛题，每个团队（最多3人）在封闭的实验室内，以四天三夜为限完成赛题。为了在有限时间里高效地完成各项要求指标，赛前各参赛团队往往进行长达半年甚至一年的培训准备来积累经验。屠德展团队当时选择的是仪表放大类赛题，设计制作一个用来检测微弱信号的锁定放大器。这需要大量模电、数电知识，并要求在短时间内完成开发各类高精度的放大器、滤波器，对微弱信号进行幅值、频率的测量，过滤噪声，并撰写规范的设计报告。由于第一次接触大赛，最后他遗憾止步浙江省三等奖。赛后他泡在实验室里，学习硬件设计、嵌入式开发的方方面面知识，努力补齐赛中暴露出来的自身短板。第二年再次挑战，他抱回了全国二等奖。参加比赛，发现不足，补齐短板再参加比赛，在一次次赛事的轮回中，屠德展的科研水平得到了快速提高。

有人回答攀登的理由是"因为它就在那里"。屠德展对自己研究的起点和方向也没有太多的怀疑，"问题来源于社会，非常有研究价值"。研发管道系统的过程中遇到很多问题，以搭建一个完整的系统要求的全栈开发为例，这涉及很多知识盲点：根据压力管道内的受力情况，设计合理的检测机械结构；利用声发射技术做检测，一方面要求传感器有很高的灵敏度，另一方面要对采集的数据做详细的分析，挖掘出能表征泄漏的特征；还涉及管道内部数据采集、存储，管内的定位、

屠德展参加第十一届中国青少年科技创新奖颁奖

通信,数据可视化等多个方向。向一个又一个目标冲锋,在每个短暂的终点立稳里程碑,再奔向下一个目标点,繁多的盲点就在这样的一次次冲锋中被扫清。

陷入瓶颈期时他也会对自己感到迷茫,比如实验室与实际应用场景的差异给屠德展的研发进程造成了不小障碍。实验室模拟漏损的场景相对单一,可以采集丰富的数据,优化模型;而实际中的管网错综复杂,场景更加多样化,可采集的数据非常有限。团队的检测模型能在实验室场景下做到非常高的检出率,但在实际场景中达不到理想效果。为此,他们从三个方面着手改进:第一,增加现场实践的次数,尽可能获取更加多样化的样本;第二,在实验室设计更多的管道泄漏异常事件,还原工业现场环境;第三,在带标签的样本分析基础上,结合无监督方法,让模型主动去学习潜在的泄漏声学泄漏特征。经过反复实验,优化后的模型终于能够达到良好的检出效果。

创新中,解决意料之外的问题往往依靠长期组建的跨学科、跨专业的团队。团队成员们在各自的领域精心钻研,导师提供技术指导,组内定期分享报告,并设定完成阶段性任务的时间点,最后再对每一个模块进行系统性的集成。这样有序默契的流程帮助团队克服了一个又一个技术难关。

瓜熟蒂落,将成果搬出实验室与赛场

每一项大奖或成果都是屠德展及其团队在实验室深耕的心血,背后也都凝聚了许多珍贵的记忆。而对屠德展来说,影响最深远的一次大赛是第十五届"挑战杯"全国大学生课外学术科技作品竞赛。这个比赛不仅要求参赛团队提出创新性的想法与思考,也进一步要求团队对创新想法付诸实践,取得一定的成果。

参赛时,屠德展团队已基本完成第一代样机。样机是一个球形的检测机器人,能够被投放到城市地下管道中去识别存在的泄漏点。但在项目实践中,新问题层出不穷。地下管廊错综复杂,受修建年代影响,施工图纸遗失。侥幸仍保存有图纸的,也仅仅是二维图纸。施工人员在知道地下泄漏点后,往往无法进行有效的定位,造成错挖或挖断其他线路。因此,屠德展团队决定开发一套简易的三维管线系统,还原地下管廊的走向,以实现更好的人机交互。但这一块内容涉及计算机图形的三维渲染,团队里没有成员擅长这块。屠德展一边学习全新的 3D 建模框架,在短时间内啃下硬骨头,另一边搭建系统,在测试稳定后一点一点将新功能集成到最终的交互系统中,最终圆梦"挑战杯"全国特等奖。

经过大大小小的赛事锻炼,屠德展深刻地认识到,始终保持一种学习的态度,能让人开阔视野,成长得更快;学习中与他人分享自己的收获,不仅能够巩固自己的知识,还能在交流中激发更多的创新想法。因此,他在科研道路上更进一步,前往 UCLA 攻读博士学位,从事物联网、边缘计算、AI 加速方面研究,希望未来能把更多先进的理论知识应用到实际生活中。

屠德展在第十五届"挑战杯"国赛中携"管道医生"项目参赛

原文字作者:竹砚
人物稿修订:张依琳(补充采访,整合删改)

余泽清:在探索中进步，
这位浙大女生不负时光

人物名片

余泽清,浙江大学光电科学与工程学院 2020 级硕士研究生,曾获 2020 年浙江省优秀毕业生称号,所负责的项目"伊赛科技——全国车载光学显示技术引领者"获得第十二届"挑战杯"中国大学生创业计划竞赛金奖,"智能便携式战役 AR 眼镜"获得第八届全国大学生光电设计竞赛东部赛区二等奖。

从钦慕到探索,做行动派

"学校的良好氛围促使我产生了参加'挑战杯'的想法。"说起参加第十二届"挑战杯"中国大学生创业计划竞赛的动机,余泽清认为,浙大浓厚的创新创业氛围在她心中埋下了创新创业的种子。在校园里与创业大咖不期而遇;社团纳新时,勤创、创业联盟、创业精英俱乐部等各种各样的创业社团格外显眼;身边优秀的朋友利用所学,结合爱好,在创新创业领域闯出一片天地。

"在一节体育课上,我得知自己的同学利用人工智能读取场景信息,进行 AI 音乐创作,凭借项目 Mind Band 获得了第四届中国'互联网＋'大学生创新创业大赛金奖,"余泽清回忆道,"看着她在大赛答辩现场自信地展露风采,与志同道合的伙伴思维碰撞,我非常钦慕。"

进入光电学院郑臻荣教授的团队后,师兄师姐们在"挑战杯""互联网＋"等比赛中的获奖经历,为余泽清打开了另一扇全新的窗户:原来自己的专业学科可以通过创新创业等多种方式,转化为实实在在的科技产品,惠民利民。从实验室走出去的创新创业项目"安思疆——三维传感与智能硬件",曾获第五届浙江省"互联网＋"大学生创新创业大赛金奖、第六届中国"互联网＋"大学生创新创业大赛银奖。项目设计的 3D 结构光方案,可广泛应用于手机解锁、面部支付、闸机卡口人脸识别和汽车辅助驾驶等场景,是开启 3D 和 AR 世界的智慧之眼。"智能医疗照明——眼明手快"曾获第十四届"挑战杯"浙江省赛科技发明制作类特等奖,相关论文《熵分析与光谱反射率对比优化的 LED 医疗照明系统》在随后的"挑战杯"全国大学生课外学术科技作品竞赛中更是拿下了一等奖的好成绩。团队制作的 LED 手术无影灯获得了浙江大学医学院附属邵逸夫医院、浙江省儿童医院等单位的一致好评。前行者的鼓励与经验分享让余泽清动力十足。充分分析自己的兴趣和优势之后,余泽清加入了车载光学显示器的研究课题中。

余泽清参加第十二届"挑战杯"中国大学生创业
计划竞赛全国决赛(左一为余泽清)

"移花接木",化挑战为机遇

车载 HUD 就是车载抬头显示,它能将仪表、导航等重要信息投影在汽车的挡风玻璃上。目前,国内自主前装车载 HUD 市场仍处于开发早期,实现量产的中国 HUD 品牌极少,一些公司受制于光学设计和镀膜工艺的技术瓶颈,产品成像面积小且质量差,容易引起眩晕等问题。

在一次中国兵器工业集团北方光电集团有限公司的实践学习中,团队成员得知飞机上的抬头显示器（HUD）能将飞行信息投影在飞行员视线前方的透视镜上。"既然战机上可以用，那么能否将飞机上的 HUD 嫁接到汽车上，用抬头显示设备显示导航、车速等信息，提升驾驶的安全性呢？"但进一步调研后，大家发现军用飞机 HUD 光路体积太大，不能直接搬到汽车上，而且成本太高，不利于商业推广。

团队改变思路，借鉴军用 HUD 的光学设计方案特性，不断改良车载抬头显示，实现了两大创新技术：第一，创新性的自由曲面光学设计。汽车挡风玻璃表面属于自由曲面，这样的非球面会导致成像变形。团队为车载 HUD 设计自由曲面反射镜，扩大视场角，图像显示更大，成像更清晰，即使开车晃动，眼睛依旧可以在不同位置观察到图像。第二，使用微米级的自由曲面高精度加工技术以及高超的镀膜工艺辅助自由曲面的精密设计，保证了成像清晰。

"我们研发的 HUD 产品，在保证清晰成像的前提下，实现了 4 倍的像面尺寸，完成了显示尺寸从手机到电脑的跨越；视距增加 10.5m，减少了视线焦点远近切换的疲劳；全新的自由曲面光路，精简光路的同时有效降低了成本。"

团队合作，不断试错

从不被看好的参赛者，到收获第十二届"挑战杯"浙江省大学生创业计划竞赛金奖，继而登上全国总决赛的金奖榜单，余泽清与同伴们见过无数次凌晨 6 点的紫金港。

进入省赛决赛后，参赛队伍需要在一天内重新制作一份商业计划书。当时很多队员还在暑假短学期上课，虽然时间紧迫，但大家都按时提交了资料，负责美工的同学通宵排版，最终在第二天上午 9 点前及时提交了材料。"没有一个人拖延自己的任务，第二天能如期提交内容翔实的申报书，完成了看似不可能的任务，那一刻有一种激动和光荣的情感涌上心头。在大家为了相同的目标共同努力的时候，奋斗的朝气中就能燃起热血沸腾。"

这样的热情鼓舞着大家，一直到比赛的前一天，余泽清和她的团队仍在反复地模拟答辩。本已舟车劳顿，余泽清和队员芦淏坚持一起模拟答辩。两人针对指导老师提出的意见，一遍遍查缺漏、补短处，直到深夜 2 点。累了，就利用练习间隙补十分钟觉。第二天早上 6 点，两人又起床接着训练。团队的指导老师郑臻荣教授也一直在技术难点和项目展示上提出宝贵意见。准备国赛校内模拟答辩时，郑臻荣教授刚从外地出差回来，一下火车就赶到紫金港校区的模拟答辩现场，听取答辩，结束后和团队一起分析不足和提升的方法。在老师们的指导下，团队反复打磨相关材料，"答辩稿修改了 20 多版，介绍材料、申报表、佐证材料等资料也是磨了又磨。"

余泽清参加第十二届"挑战杯"中国大学生创业
计划竞赛全国决赛（左三为余泽清）

"真的非常感谢郑老师一直以来的悉心指导，他不仅在技术难题上点拨我们，更给予了我们鼓励和肯定，就像吃了定心丸，让我们有了迎难而上的勇气。"

正是团队的共同拼搏和指导老师的支持指导，才让她们的团队拧成一股绳，勇攀高峰。这段和战友共同拼搏的时光，成为她一生最珍贵的回忆。

"创新创业比赛不仅让我见证了技术向应用的转化，更给予我一群并肩作战的伙伴和一段燃烧拼搏的时光，让我成长得更加坚毅勇敢智慧。挑战自己，敢想敢做敢拼，没有什么不可能。"

原文字作者：浙江大学光电科学与工程学院　陈思屹、余泽清
文字稿修订：张琬青（根据原稿修改，补充采访）

张剑:扎根乡村推广稻渔种养，科学助力农民增收

人物名片

张剑，浙江大学生命科学学院生态学专业 2014 级博士生，始终将生态科学助力农业现代化作为自己的研究目标，八年间跟着研究团队调研了大半个中国的水稻种植区，参与集成了"稻渔种养"的科学种植方法。目前张剑所在的团队已将稻渔种养技术成功运用到上百万亩的农田，助力数万名农民增收致富。所负责的项目"渔米香——科学助力千万农民稻渔丰收"获得第六届中国国际"互联网＋"大学生创新创业大赛金奖。

渔米香,缘起浙大

出生于江西农村的张剑打小就知道耕作的艰辛,大概是源于一种说不清的"土地情缘",从本科到博士,他都坚定地将"生态科学助力农业现代化"作为自己的研究方向,希望通过生态技术帮助农民稳粮增收。在看到浙江大学生命科学学院 101 实验室发表在《美国国家科学院院刊》(PNAS)上的等一系列关于稻渔共生系统生态学机理的文章后,他便萌生了要加入这个课题组的想法。

入学后,经过与两位导师商议,张剑将"稻渔共生"作为自己的研究方向。

八年时间里,他和导师走遍了大半个中国的水稻种植区,搜集了大量第一手资料。他的实验室也一直未离开田间地头。单季稻生长期约为 150 天,从最初翻耕到最后产出,张剑和团队成员每天花费近 16 个小时悉心照料试验田。有一

年遇上了暴雨洪灾,当年的实验成果全部泡汤。尽管辛苦,但是他们从未有过放弃的念头。"因为我们现在越辛苦,我们这项技术就会越来越成熟,我们也就会得到更多的支持,我们这时的辛苦其实能让在这个领域里的农民以后越来越幸福。"

除了在实验中遇到难题,张剑一度也遭到了家人的质疑,"爸妈觉得都读博士了,还没有丢掉锄头,没有完成从农村到城市的一个跃迁,所以不是很理解,"张剑说道,"我会告诉他们,我现在种田的方式和你们是不一样的,现在可以让田鱼帮我们干很多活,比如除草、施肥。我会经常拍视频给他们,最后他们发现鱼也养得好,水稻也养得好,也就相信我说的话了。"

经过不懈努力,团队终于研究出"稻渔共养"科学种植方法:利用生态位的分化,借助水稻与田鱼之间的互惠作用,不施农药、除草剂,大幅度减少肥料投入,从而达到杜绝农业面源污染、保持土壤肥力、稳粮增收、保护生物多样性等综合效果。2020年6月9日,习近平总书记考察了浙大稻渔生态团队在银川的稻渔综合种养基地,高度肯定了这种生态农业经营方式。"其实早在2005年,时任浙江省委书记习近平同志就亲笔批示了要保护好浙江青田稻渔共生全球重要农业文化遗产系统,不使其失传。我们更加坚定了稻渔种养的文化价值、经济价值和生态价值,要将这种蕴含着传统农耕智慧的种养模式进一步提升,发挥其在乡村振兴中的作用。"

张剑在试验田中工作

稻渔共生，助力乡村振兴

习总书记说："要在奋斗中摸爬滚打，从中找到人生真谛、生命价值、事业方向。"张剑牢记习总书记的话。为了证明青年人是能担大任的，他坚持用自己的兴趣，用自己的技能，在乡村振兴中发挥自己的力量。从 2005 年起，张剑所在的浙大稻渔生态实验室持续对"稻渔系统"进行研究，收获大量研究成果，成为该领域发展的引领者。团队成员起早贪黑，不断调整完善，向土地要答案，通过大量科技转化，为整个产业的发展与提升提供了有力的科研支撑。2019 年，"渔米香"团队依托浙江大学创业平台，在杭州注册成立了福瑞思（杭州）农业科技开发有限责任公司，公司的主要业务是稻田养鱼技术服务与相关农产品的销售。

浙大稻渔生态团队始终将科研写在"三农"大地上，把技术服务产业发展作为团队的重要努力方向之一。借助全国稻渔综合种养产业技术创新战略联盟的影响力，通过各省级产业联盟，团队通过培训农技人员与农业从业者、指导农业企业等方式，不遗余力地在全国范围内的 11 个省（区、市）推广与指导农户、农场主、企业等开展稻渔综合种养，实现"一亩田，百斤鱼，千斤稻，万元钱"的目标。

团队在多个省（区、市）建立试验基地，助力广西、湖南、江西、福建等革命老区、贫困山区上百万亩的农田实现了增产增收。其中，杭州市桐庐县莪山乡的稻渔基地是团队近期使用农业科技来助力振兴乡村的典型案例。2018 年底开始筹划，2019 年标准试验田和稻渔共生核心示范区就迎来了大丰收，实现了"亩产万元钱"的突破。2020 年，更是将稻渔模式推广扩大至 120 亩，并将在试验田块中继续开展稻鳖、稻鳅模式的相关试验。

最初，稻渔种植技术推广起来并不容易。在稻田里养鱼，不打农药，虫就没有了，老百姓不相信。为了说服村民们，张剑每走访一个村落，就用最通俗易懂的语言耐心解释稻渔种植技术，和村民们一起下田试验，终于和面朝黄土背朝天的农民打成了一片。莪山乡的沈冠村村民们至今仍记得张剑的讲解，"沈叔啊，你把自己想象成一棵水稻，我就是那条鱼，突然摇你一下，上面的一些飞虫、稻飞虱就都掉下来了，就被这个鱼给吃掉了。"

赠渔香米，迎英雄凯旋

新冠肺炎疫情暴发后，"渔米香"团队的成员每天关注着疫情的发展，互相鼓励加油。看到无数医护人员奋战在抗疫一线，张剑心中产生了向他们捐赠稻渔有机米的想法。"看到我们浙大的医护人员快从抗疫前线返回的消息,就想到等他们从武汉前线拼命回来时,家里有一碗非常好吃的、健康营养的米饭等着他的场景,我觉得这是非常有意义的。"

借助母校的渠道,团队顺利对接到了浙江大学医学院4家附属医院。第一次运送稻米时,从杭州到大米存储基地的沈冠村路上,光是检测站就有7个,经过17天的辛苦筹备,克服疫情期间种种人力、运输等的困难,最终将2.5吨礼盒包装的稻渔米送到医务人员手中。张剑与团队一直践行着自己的信念:"要做一个有温度的人,创一个有温度的企业。"

赠五千斤好米,道不尽对医护人员的由衷感谢;行数百里山路,载不完对医护人员的真挚祝福。"十多天辛苦的筹备,终于把我们自己种出来的稻渔米送到医务人员手中,内心感到非常的充实和开心荣幸。英雄在前线守护着我们,我们用健康守护你!"

浙大渔米香团队向抗疫一线捐赠大米(左三为张剑)

原文字记者:浙江大学生命科学学院　许林、小火车
浙大发布　潘泽政
人物稿修订:张瑀旋

浙江大学 AAA 战队：
守护网络安全的神秘黑客战队

■ 团队名片

　　浙江大学 AAA(Azure Assassin Alliance)战队成立于 2012 年,是一支在校信息安全爱好者自发组织的团队,由计算机科学与技术学院支持建立。自成立以来在各大顶尖赛事中崭露头角,获第四届 XCTF 联赛揭幕战武汉站 WHCTF 线上赛第一名,ZCTF 决赛冠军,HCTF-2016 以及 L-CTF 2016 大赛第二名;在 2020 年全国高校网安联赛(XNUCA)线上赛资格赛中取得第一名;其参与的腾讯 A * 0 * E 联合战队获 2020 DEFCON CTF 全球总决赛总冠军。

DEFCON CTF 全球总决赛是最顶级的 CTF 赛事(CTF:网络安全技术人员之间进行技术竞技的一种比赛形式),在 2020 年的比赛上,也是 DEFCON CTF 在 20 多年历史中首次由中国战队拿下冠军。但这绝不是巅峰与结束,而是全新的开始。浙大 AAA 战队将继续驰骋在信息安全技术的赛场上,以赛促学、学以致用,立志守护网络安全的堡垒。

斩获大奖:突破重围,巅峰对决

　　在 2020 DEFCON CTF 全球总决赛中,中国联合战队(即腾讯 A * 0 * E 联合战队,该战队由包括浙大 AAA 战队在内的几支信息安全战队联合组成)通往胜利的路并不顺利。对手美国 PPP 战队的实力很强,双方相持不下,只见比赛记录动图上的几组数据持续增长,相互之间也不断彼此超越。比赛一开始，一道关于数据流和古典计算机体系架构的题目让战队陷入了困境：队员们从来没有接触过这类问题，而对手在美国的计算机教育体系中则已经学习过相关内容。最后，A＊0＊E战队在这道题上得了零分，而PPP战队则得了高分。

"这是我参加了这么多比赛以来印象最深的时刻。"AAA战队现任队长黄山谈道，"这次失利对队员的心态产生了很大影响，许多人都以为，这次又要饮恨。但是我们还是想赢。"

在战队队员们看来，此次比赛就是他们战胜在7年内拿下5次冠军的美国PPP战队的关键机会。尽管在上一道题被PPP战队拉开了差距，但战队队员们没有气馁，而是迅速调整好心态投入接下来的比赛。在一道类似于"吃鸡游戏"的题目中，A＊0＊E战队灵活运用电子竞技中的手段，亲手控制其他战队的人物发动进攻，迅速拿到600分满分，同时没有给美国PPP战队留下任何拿分的机会。A＊0＊E战队也将这份拼搏的冲劲和对胜利的渴望延续到了接下来的比赛中，虽然过程惊心动魄，但最终奠定了胜局，双方的比赛数据定格在了970∶968。"PPP战队是一支很强的队伍，胜利来得很不容易，他们值得我们敬佩。"黄山由衷感慨道。

浙江大学AAA战队参加字节跳动"安全范儿"
高校挑战赛Byte CTF现场

战队发展：代代传承，学以致用

自成立至今，凭借着成员们的坚守和几代队员的努力，AAA 战队逐步发展壮大，但其实在战队的发展过程中，曾有过几次新老交替、人员紧缺的低迷时期。在过去，战队甚至一度只有 2 人，但队员们始终坚持着对信息安全领域强烈而深切的热爱，这种热爱也逐渐吸引着越来越多新成员加入战队，成为战队的新兴力量。

新成员加入后难免会感到不适应，成绩也不稳定，而做好"传帮带"则是 AAA 战队的解决办法。队伍里的老队员们会主动承担起大哥哥的角色，仔细询问新队员出现的问题，并及时给予关心、帮助与指导。"比赛题目难度和以前相比大了很多，导致入门门槛越来越高，有时候我们会感到挫败。但是学长们会先把简单的题给我们做并且一步步指导我们练习，不断增强我们的信心。"团队里的新队员这样说。

同时，加入 AAA 战队也为队员们带来了赛场之外的收获：认识了更多优秀的同学，收获了学习与生活上的建议；锻炼了团队合作、团队组织等方面的能力；通过比赛以及练习，加深了对信息安全方面知识的认识；更加坚定了自己未来的职业方向……AAA 战队给予队员的，不仅是学术知识与赛场经验，更是丰富多彩的大学生活和对未来的认知与方向。

以赛促学，学以致用。如今，团队前几代主力成员大多已经从浙江大学毕业，分散在全国各地，成为各地安全领域的中坚力量。其中便包括曾在顶级信息安全会议 Black Hat USA 和 DEFCON 上发表演讲的第一代战队队员、知名互联网企业安全总监何淇丹；长亭科技公司联合创始人陈宇森；华为终端奇点安全实验室专家、至今仍奋斗在黑客大赛第一线的战队"灵魂人物"、前 A * 0 * E 中国联合战队队长刘耕铭等校友。

成功之道：互帮互助，默契配合

被问及团队成功的关键，队员们纷纷谈到相互之间默契的配合。"经过平时的多次训练，我们才能够在正式的比赛中快速做好分工，一发现有漏洞或是可以攻击的漏洞便能在第一时间通知队友。更重要的是，思维上的默契让我们能够更快地修复并利用漏洞。"

浙江大学 AAA 战队荣誉合集

　　队员之间默契的配合不仅得益于平时专业的团队训练,也同样得益于生活中的相处与互助。比赛训练时,队员们在实验室里全神贯注、相互配合,力争抓住每一个漏洞,破解每一个难题;而在生活中,他们则都是阳光活泼的大男孩,常常约着打游戏、打球、吃饭,谁有困难其他人就帮一把。因此在队员们看来,团队更像是一个大家庭,大家互帮互助,欢乐和谐。而也正是这种打打闹闹、轻松愉快的气氛,让整个团队的运作更加顺利,让队员之间的配合更有默契。在未来,AAA 战队也将在这样默契的配合下不断提升队员单人水平,力争在国际赛中绽放更大的光芒。

　　当然,和谐的大家庭也少不了大家长的存在,这就必须提到浙江大学网络空间安全研究中心和浙江大学计算机学院对 AAA 战队的支持。AAA 战队现任队长黄山谈道,起初战队并没有专门训练的场地,后来在计算机学院的支持下配备了实验室,战队与一些知名企业如腾讯的顺利合作也离不开学校在其中的把关与促成,以及学校、学院在资金、讲座、师资方面的支持……浙江大学网络空间安全研究中心和浙江大学计算机学院为队员们的成长创造了良好的环境和平台,人才的不断引进和安全类课程建设也为战队的可持续发展提供了支撑和动力。

　　原文字记者:浙江大学融媒体中心　姜习、傅航颖、宋雨煊

　　人物稿修订:全可颖(根据原稿删改)

浙江大学文物方舟团队：
让文物"活"起来

■ 团队名片

　　浙江大学文物方舟团队一直坚持利用数字化的手段对文物进行复制。在第七届中国国际"互联网＋"大学生创新创业大赛成果展上，团队复刻的龙门石窟古阳洞北壁无名窟的佛像被"搬"到了展会现场，中共中央政治局委员、国务院副总理孙春兰现场参观并充分肯定了文物方舟项目。该名为"文物方舟——科技赋能文物数字化保护领军者"的项目获得了大赛"青年红色筑梦之旅"赛道金奖。

　　"雄踞中轴镇末端，莲花盘坐目前观。"自此，端坐于塔窟中的佛像文物走出了悬崖峭壁，走近了人民大众。文物方舟团队采用 3D 打印等数字化手段，通过近 10 年的努力，完成了 133 个数字化项目，足迹遍及全国 24 个省份，跋涉 15 万公里，积累数据 250TB，成功实现了云冈三窟、云冈十二窟和龙门石窟古阳洞佛龛的等比例高保真复制。

文物方舟：传承文化之光

　　是什么激发了团队的灵感，在文物数字化方面进行探索和深耕？

　　故事还要从 1995 年讲起。那一年，在与浙江大学潘云鹤老校长交流的过程中，常沙娜教授透露出了希望借助计算机辅助敦煌壁画保护的想法——像石窟寺这样位于户外且不可移动的文物常年受到风沙的侵蚀，加上光照、地震、战争或是城市过度开发等因素影响，终究有一天会完全消失。但如果能借助数字化的手段,将该文物的所有信息保存进计算机,即使某一天文物的实体完全消失,我们仍可以根据留存的信息恢复出其原本的样貌。

1997年7月,潘云鹤教授和樊锦诗在敦煌莫高窟的研究论坛上,建立了浙江大学与敦煌研究院的合作关系,文物数字化项目的雏形就此形成。自此,该项目代代相传,延续至今,并借助技术的突破和政策的支持取得了令人瞩目的进展。

时光变迁,初心不改。一代代深耕于文物数字化进展的浙大人都坚持将它定位为公益化项目,不用作任何商业化用途。这也是"互联网十"大学生创新创业大赛上,文物方舟团队选择"青年红色筑梦之旅"组别参赛的原因。

文物方舟团队参加"互联网十"大学生创新创业大赛

采集现场照片、建立三维模型、完成3D打印——三个环节构成了该项目的核心。浙江大学文物方舟团队秉承精准数字化和严谨考古相结合的工作原则,深入研究二维图像拼接、三维扫描、摄影测量等数字化技术,研制开发针对性装备与信息处理软件系统,制定操作规范流程。

通过近10年的努力,团队完成了133个数字化项目,足迹遍及全国24个省份,跋涉15万公里,积累数据250TB。团队累计发表论文17篇,共申请专利10项,获得软件著作权13项。

当谈及该项目的名字"文物方舟"的寓意时,团队成员白宇璇表示,"保存与传递"是其核心概念。与传统的文物保护概念不同,文物方舟团队着力于保留文物的数字化信息,而非对其本体进行修复。这种保存方式无疑是在保留文物信息的基础上，增加了传播的可能性。"我们可以把与文物本体相同的模型复制出来，不仅展示给国人，更能展示给全世界；不仅能传递到现在的人面前，更能传递给后世。"白宇璇自豪地说。

逢山开路，遇水架桥：突破层层技术难关

文物方舟项目以科技考古为主要特色，研发了一系列文物数字化相关的设备与软件，在文物保护技术上取得了创造性的突破。并且，文物方舟团队用技术赋能文博产业，与多家文博单位合作，取得多项高水平研究成果。例如，联合须弥山、云冈和龙门等地进行了石窟寺数字化考古，其中，与云冈石窟研究院合作制作的世界上首个可移动的 3D 打印石窟，多次被央视等各大媒体平台报道。

首个可移动的 3D 打印石窟以云冈第 12 窟音乐窟为模型。文物方舟团队联合云冈石窟研究院，利用高超的扫描和 3D 打印技术，将四壁布满层层叠叠的飞天伎乐的洞窟完美复刻。这是一项复杂的工程。文物方舟团队共选取了 52 个站点进行激光三维扫描工作，总计获得数据 52.3GB，建构了石窟三维模型的基本结构和整体约束。他们将数据经过深度图（depth map）计算与融合、激光扫描数据融合、三角网格重建等环节，得到拥有自适应空间采样分辨率的云冈第 12 窟彩色三维模型。再通过 20 台等比例特制 3D 打印机连续打印 13 个月，成功复制窟模块构件。最后由 5 名专业人员使用国画颜料进行绘制上色，严格还原了石窟色彩明度、雕塑表面的现状纹理、老化痕迹及人为刻画留下的痕迹。

在长达数十年的研发过程中，文物方舟团队并非是一帆风顺的，项目最难的环节始终是如何突破技术难关，将创意实体化。李敏说："项目的很多新想法很早就有了，但不成熟的技术限制了我们的创造，比如有段时间我们就一直在研究如何找到一个合适的处理器去计算几万张现场照片的数据。"

文物方舟团队的得意之作——云冈石窟移动复制窟也曾遭遇过技术瓶颈。由于云冈石窟中的大佛体积过大，难以获得完整的三维模型数据，且当时并没有适配的打印机去打印大体积文物。在很长一段时间内，文物方舟团队对如何复制云冈石窟一筹莫展。直到有人提出，我们可以切割石窟，分开打印，然后像搭积木一样将其组装起来。这才使难题迎刃而解，并成功制作了世界上首个可移动的 3D 打印石窟。可以说，文物方舟项目团队在研发中，摸着石头过河，用勇气和智慧实现了传统意义上的不可能。

步履不停，创新不止，文物方舟团队始终在探索新技术的研发与运用。在 3D 打印技术逐渐趋于成熟的阶段，文物方舟团队将会更关注如何利用 VR、AR

技术搭建虚拟文物空间。在虚拟空间中,观众将能沉浸式观赏文物。除此之外,李敏还表示,当今的复制技术还不能完全还原文物的质感,这也是未来技术创新的发力点。

连接的桥梁:弘扬文化自信

"风蚀雨腐越千年,塔洞佛窟隐圣颜。"文化遗产最主要的价值就是其中包含的历史信息。借助文物方舟团队对敦煌石窟进行的信息保留与高保真复刻,我们得以近距离观察石窟的细节。从它们身上,我们可以欣赏佛像石壁上的艺术元素,感受到开凿工匠手中一刀一铲的工艺,进而了解到当时的社会生活。

如果文物被永远束之高阁,它的意义就会变得非常有限。文物方舟团队正是希望这些珍贵的历史遗产能走进大众的视野,才会致力于项目的探索与推进,他们搭建了一座连接文物与公众之间的坚固桥梁。

"我们有时候觉得文物很阳春白雪,就是因为它太少、太稀有、太难以接近,因此它就变得好像很严肃、很神秘。普通人可能觉得自己和历史文物没有关系,但其实这都是我们老祖宗用过的东西,都是我们祖先智慧的结晶,跟我们也是息

文物方舟举办的"游于艺"中小学实物教学及推广计划

息相关的。""借助最先进的3D打印技术,可以让很多一辈子都到不了云冈,到不了敦煌的人看到佛像的样子,甚至能够抚摸到石壁上最真实的触感。这些是馆藏文物和不可移动文物的真迹无法带给我们的体验。"当谈及文物数字化的实际意义时,李敏如是说。

有了这样的思路之后,文物方舟团队也开始进行公益项目的实践——把这些复制的文物做成教具,走进中小学校园,在课堂上让孩子们切身地感受历史智慧和古典中华文化的魅力。毋庸置疑的是,文物方舟项目的进一步推进与实施对于教育和后世历史学方面的研究都具有不可或缺的意义。

2019年,在敦煌研究院同有关专家、学者和文化单位代表座谈时,习近平总书记对"研究和弘扬敦煌文化"提出具体要求:"要揭示蕴含其中的中华民族的文化精神、文化胸怀和文化自信,为新时代坚持和发展中国特色社会主义提供精神支撑。"

为什么要讲中国文物故事?怎么讲好中国文物故事?团队成员们交出了这样的答复:"其实我们的理解是,我国的国力正在上升,要在世界上拿到文化话语权,就要让全世界的人去接受认可中华民族的文化。我们团队现在做的这个项目,可能就是讲好整个中国文物故事的基建。我们能从中华民族的历史当中提取到足够多有价值的信息元素,通过积极的探索,让文物'活'起来、'走出去'。将来可能有一天,中华文化的元素会融入全世界各国人民的日常生活中。"

"让文物说话、把历史智慧告诉人们,激发我们的民族自豪感和自信心。"这是文博人的美好憧憬,更是亿万中华儿女的希冀。

原文作者:浙江大学新青年传媒江亦悦、赵睿晗
人物稿修订:张竞文

第三章　花漾紫金

"少年负壮气，奋烈自有时"，求是园中，每一位青年都有自己的际遇和机缘。他们面对充满未知的生活，能够永葆初心，不惧任何挑战，是才华横溢、花漾紫金的求是青年。

"社团女王"陈瑞雪在街舞和戏剧中体验别样人生，延续着浙大老社团人的初心与故事；李加伟从木偶腹语出发，力图引发更多人对中国传统文化和特殊儿童事业的关注与支持；刘虎贲醉心于古文字与古典诗词，搭建自己内心的桃花源；每天清晨，天微亮，谢震业已经开始做热身活动，准备一天的训练；岳铂雄继承黑白剧社的优良传统，在话剧舞台上重现浙大人的"求是魂"；朱科祺怀揣为"浙大争口气"的想法，在《最强大脑》中逆袭至天梯榜第一⋯⋯

"恰同学少年，风华正茂，书生意气，挥斥方遒，指点江山，激扬文字，粪土当年万户侯。"他们的青春如一曲乐章，以丰富多彩的音符，向着更高和更远处飞翔。

陈瑞雪：破而后立，
"社团女王"的破茧成蝶之旅

■ 人物名片

陈瑞雪，浙江大学医学院妇产科学生殖医学专业2020级博士生，曾任浙江大学学生社团联合会主席、浙江大学学生会副主席、浙江大学学生DFM街舞社社长，是浙江大学灵韵音乐剧社成员，先后在舞台上多次参演街舞类和音乐剧节目。浙江大学第19届研究生支教团成员，2017年在贵州台江开展为期一年的支教扶贫工作，并把浙大的"百团大战"社团活动"搬到"贵州台江。

从热血街舞女王到《芝加哥》音乐剧女主

兴趣使然让陈瑞雪在宣传单满天飞、"战火激烈"的"百团大战"中一眼锁定了街舞社，经过层层选拔之后，陈瑞雪如愿加入DFM街舞社，在这里她得到了更为专业的街舞训练并很快崭露头角，获得了众多演出机会。新年狂欢夜、120周年校庆晚会、DFM街舞社的专场演出……她总是台上最耀眼的舞者，而她所热爱的舞蹈也在那一瞬间回馈给自己一丝欣喜和安慰。对于舞者而言，舞台上的闪耀是汗水凝结的光环，伤痛则是追梦路上的勋章。"操千曲而后晓声，观千剑而后识器"，为了在观众面前呈现出舞蹈表演的最佳效果，陈瑞雪在对每一个动作细心打磨的基础上不断重复练习，于是在重要演出正式上台前必会受伤成了她的一个魔咒。"先是韧带拉伤，到现在是两个脚踝、两个膝盖都伤过。但像这样的大演出往往都是事先安排好的，临时换人或少一个人都会影响演出的质量。"为了保证演出的完美,陈瑞雪只能绑着绷带咬着牙坚持在小剧场练习。

所爱隔山海,山海亦可平。在陈瑞雪看来,热爱就该用力去争取,面对横亘眼前的困难,无论是溯洄从之还是溯游从之,所有的汗水和血泪都是为了抵达,正如她与灵韵音乐剧社的相遇。

在"音乐剧艺术"这门课程上,陈瑞雪观看了灵韵音乐剧社的现场演出,并被音乐剧艺术深深吸引。课后,还沉浸在音乐这种别样表达中的她二话不说直接参加了灵韵音乐剧社的面试,并顺利成为其中一员。在灵韵音乐剧社,陈瑞雪第一次接触到的音乐剧剧本正是她最喜欢的《芝加哥》。这一股欣喜和激动再一次牵引着她毅然决然地参加了女主角洛克茜(Roxie Hart)的选拔。但由于角色本身与陈瑞雪的高度反差,她没能拿到这一机会。正当她失意沮丧之时,一通电话再次点燃了陈瑞雪的表演欲,"剧社学长打电话给我,让我去试一下另一个女主角维尔玛(Velma Kelly)的戏。我当时开心极了!"终于,陈瑞雪如愿站上了《芝加哥》的演出舞台。台上,一句"they had it coming"唱得盛气凌人,陈瑞雪将虽成阶下囚但依旧霸气的女王维尔玛表现得淋漓尽致。

"音乐剧不同于街舞,不仅需要跳舞,还要念台词,要唱歌,要掌控表情,要对戏,这对基本功和体力的要求较高。"因此每一部音乐剧光是排练,都要花费陈瑞雪和剧组其他成员大半年的时间。但陈瑞雪明白,只有当自己为了那个光鲜亮丽的舞台,在背后为每一个细节反复斟酌拿捏的时候,才能真正领悟"表演"二字的分量。

想法大胆的"能力者",迎难而上的"工作狂"

"我不喜欢重复别人做过的事情,所以即使处在一个相对稳定的环境里,我也渴望去做一些突破性的工作。虽然辛苦,但如果浙大人因为我们的服务而真正受益,那我们就很有成就感。"2017年是浙江大学120周年校庆,也是浙江大学社团联合会(以下简称社联)成立10周年的周年庆。当时身为社联主席的陈瑞雪,想为学校和社联的生日准备一件"特别的礼物"。考虑到浙大在西迁之时就已经涌现了不少社团,她萌生了一个想法——追溯浙大老社团人的初心,挖掘浙大老社团人的故事,并将此制作成献礼浙大校庆120周年的宣传视频。

陈瑞雪本科毕业照，
此时的她即将奔赴妇产科研究生征程

可是说的容易，真的实施起来，就一个字——"难"。如何找到这些老社团人？这是摆在陈瑞雪面前的第一道难关。当时学校已有的社团资料并不完善，要想获悉社团相关信息，陈瑞雪必须带着伙伴们从校史的蛛丝马迹中一点点挖掘。随之而来的第二道难关便是，很多老社团人如今年事已高，想要采访实属不易。其中，令陈瑞雪印象最为深刻的便是原定对平剧社何荣穆学长的采访。"我们'迟到'了1个月，老学长去世了。"这件事让她深刻地意识到时间的紧迫性，"能联系上的人本就有限，高龄的他们还在和时间'赛跑'，我们必须加快脚步，减少遗憾的发生。"迎难而上，逐个攻破。陈瑞雪最终带领团队完成了这个"不可能的挑战"。而这次老社团人的追溯活动，也被永远留存在了视频《百廿回首，最忆是社团》里，成为120周年校庆期间最温暖的礼物之一。

除了制作社联的校庆宣传视频，陈瑞雪还参与了120周年校庆夜舞旗，并成为临时编排负责人。持续三四天泡在太阳暴晒的操场上，没有喇叭、全程靠吼的陈瑞雪，不仅要充分考虑舞台的大小如何容纳120人舞旗，还必须在紧张的时间里为120名舞旗人确定站位。当在视频中看到120面旗子整齐划一地舞动之时，她终于将校庆当天悬着的一颗心放了下来。

陈瑞雪在研究生期间担任校团委挂职副书记,分管学生社团工作,她一直把"服务社团"作为工作的重中之重。"初次接触社团工作时我缺乏一个成熟领导者应该具备的经验和相应的技能,但通过多听多学,并和其他成员多多交流,逐渐抛出自己的想法,并结合其他工作岗位的经验站在社团人的角度提供切实的建议。"为了优化组织结构,她提议设立了"发展与服务中心",以此提升服务社团的意识与能力;并组织开展学生社团调研,梳理社团建设及管理过程中的普遍问题,修订《浙江大学学生社团管理条例》,进一步加强对学生社团制度化管理;打造"学生精品课程"项目,实现学生自我教育、自我管理,助力全人培养。

浙大社团文化到贵州台江的"西迁之路"

2017 年 8 月,作为浙江大学第 19 届研究生支教团贵州台江分团成员,陈瑞雪前往贵州台江开展为期一年的支教扶贫工作,在台江民族中学(以下简称台江民中)担任英语老师兼班主任。

台江民中的校长十分注重学生的综合素质发展,得知陈瑞雪曾担任浙大社联主席,拥有举办社团活动的相关经验,便委托陈瑞雪帮忙把台江民中的社团办起来。陈瑞雪欣然答应,之后她迅速组建起台江民中社团联合会,但效果却不尽如人意。纳新结束后,她发现台江民中的学生们对学生社团没有多少概念,也几乎没有举办活动的经验。为了让学生们尽快熟悉社团概念,她打算办一次社团活动体验日,让大家真正感受精彩的社团文化。接下来的一段时间里,在陈瑞雪和台江民中学生一砖一瓦的构想和实践下,找场地、定方案、做预算、购置物资……台江民中社团文化节逐渐有了雏形。而当地学生更是在这些过程中不断学习成长,从一开始的被动做事,到后面主动参与解决问题。

2018 年 4 月 25 日,台江民中的校园异常热闹,发传单、做展示……陈瑞雪和学生联合举办的社团文化体验日吸引了近 2000 名师生参与,而参与的老师们纷纷开始追忆自己大学时期的社团文化。活动的火热氛围同样感染了陈瑞雪,她感觉自己仿佛置身于浙大的文化广场。"台江民中社联的同学们慢慢地开始胜任自己的工作,而我也希望通过这次活动让更多人更加肯定浙大研究生支教团。我们不仅会教书,还能给当地学校和学生的生活带来全新的、美好的元素。"

陈瑞雪在制作浙大校庆社团纪念视频时
拜访戴立信老学长（左二为陈瑞雪）

从 DFM 街舞社到医药大类学生会，再到社联与校学生会，陈瑞雪从未停止前进的步伐。七年学生社团工作早已让"社团"融入她的血脉之中，并教会她做任何事要保持永远的热情与责任心。"社团生活是大学生活不可或缺的一部分，它有第一课堂没有的实践体验，是专业知识学习之外的素质、能力提升。通过它大家可以认识一群志同道合的朋友，见证彼此的成长。"

原文字作者：浙江大学微信公众号　陈玉娇、李灵
人物稿修订：毛俊杰

冯首博：参与设计勇仔，
这位勇于试错的男生技能满分

■ 人物名片

  冯首博，浙江大学计算机科学与技术学院工业设计系产品设计专业 2015 级本科生，设计学专业 2019 级硕士生，曾获浙江省优秀毕业生、浙江大学优秀毕业生、优秀学生、优秀学生干部等荣誉称号，获浙江大学学业一等奖学金、社会工作奖学金、社会实践奖学金。

本科就读于浙江大学工业设计系，本校保研后继续攻读设计学硕士，学弟学妹眼中和蔼可亲的助教学长，手绘、作图、建模、渲染各项技能点都很全的学霸大佬，性格活泼开朗、乐观向上的大男孩，集多重身份定位和标签为一体，冯首博用自己的行动诠释浙大人的风采。

参与吉祥物"勇仔"设计

  "我有梦想我会陶醉，实现梦想让我痴迷不悔，梦想的路上虽然不完美，实现梦想让我纵情放飞。海远浪狂，天高云险，我们是无所畏惧的勇仔……"2019 年秋天，第五届中国"互联网＋"大学生创新创业大赛在浙江大学隆重举行，而在本次比赛中给人留下深刻印象的吉祥物——憨态可掬、欲展翅高飞的雏鹰"勇仔"的设计，从原型到最终定稿，冯首博参与其中，付出了自己的心血。

"勇仔"线稿图

在本次设计任务中,冯首博主要负责线稿的绘制。从接到任务开始,耗时超过一个月,一次又一次的精心打磨,只为呈现给公众一个更完美的吉祥物形象。设计过程也并不是一帆风顺的,其间也受到了很多否定与质疑,为了凸显大学生创业者无所畏惧、勇往直前的品质,冯首博所在的团队将主体形象选择为奔跑的雏鹰;为了凸显青年创业者如火般的热情和如风般的力量,他们为"勇仔"披上了红色斗篷、戴上了飞行员头盔……最终,"勇仔"形象的设计获得了领导们的一致好评。"互联网+"创新创业大赛圆满落幕,凝聚着冯首博心血的吉祥物"勇仔"也深入人心、影响深远,冯首博及其团队的本次设计,是一次成功的尝试,也为冯首博以后的设计生涯,增添了更多的信心和动力。

多重技能为专业素养加分

能够出色完成吉祥物的设计工作,离不开冯首博扎实的专业基础和多重技能。"首博学长给我们上课的时候,反手就是流畅度感人的产品手绘样例,尤其画车让人佩服得五体投地。"担任助教时冯首博的学生这样评价他。除了优异的学习成绩和充足的专业知识储备,多重技能在手使他在设计领域更加如鱼得水。

冯首博喜爱绘画,擅长PS板绘,这使得他在设计学专业的求学研究过程中更加得心应手。"绘画,也是绘心。"在冯首博看来,绘画的人不仅懂"快和慢",也懂"静和噪"。绘画除了是一种专业技能,更给人以快乐和自由。

除了绘画,摄影、书法等也是冯首博具备优势的技能点,而这些也在一定程度上提高了他的专业审美和设计能力。"这个世界从来不缺美,缺的是寻找一个个鲜活的画面、有血有肉的个体与灵魂。"在光影世界中,冯首博可以用不同的角度去展示他看到的一切,表达自己所理解的生活。摄影对他来说,是通过镜头去观察世界,用视觉记录故事,通过照片承载回忆。"每个光影定格的瞬间,我都能在光影的世界里翱翔。"

在冯首博看来,"在学好设计的同时,多看看这个世界,明确道路之余,找到自己喜欢的、愿意去坚持的事物并为之努力"的生活才值得追求。

尝试是为了寻求真正适合自己的道路

选择设计学专业,是遵从自己的内心,然而在设计的道路上,拥有出色专业能力的冯首博,也曾有过多次辗转和迷茫。

冯首博生活照

本科时,冯首博一直以来的计划是出国深造,然而大三时赴新加坡的一次交流,却改变了他对出国的看法,对于国外生活习惯和文化氛围的不适应,让冯首博觉得自己更适合在国内求学、发展,因而最终决定留在国内。

大三时,出于对汽车的兴趣,冯首博迷上了汽车外形的设计,并花费不少时间钻研学习。但在意识到了自己的专业和汽车设计有一定距离后,他便转头专心学习产品设计。"我开始意识到,尽管在自己的小圈子里,我汽车设计的专业能力还算可以,但距离顶尖水平还有很大的差距。"冯首博说,"年轻时的试错成本较低。因此即便有过一些碰撞,对我而言都是值得珍惜的经历。在尝试过自己内心曾渴望却又不一定最适合的东西之后,我反而能逐渐看清前路,更好地了解自身的特点,心中也变得愈发坚定。"

"设计是一件耗费时间和精力的事,需要思考和用心,是千锤百炼的结果。我觉得自己能做这件事,也愿意去尝试。"

冯首博说:"我的人生中充满了无数次的尝试,诚然年轻就是一个不断试错的过程,正是一次次的尝试,让我明确自己更加适合什么样的环境、什么样的工作,年轻的时候可以大胆去尝试,但是人不可能永远在尝试的,尝试是为了寻求真正适合自己的道路。"内心独立坚强的人都有着自己的原则,有所坚持,因而也不容易被打倒,这是冯首博所向往的,也是不断努力的方向。

原文字作者:浙江大学微信公众号　金云云、施亨妮
人物稿修订:高欣(内容整合,补充采访)

顾叶恋:从新生代表到新晚主持,
她说可以微弱,但要有光

■ 人物名片

　　顾叶恋,浙江大学传媒与国际文化学院广播电视学专业 2019 级本科生,浙江大学美育中心语言艺术队成员,曾代表 2019 级新生在传媒学院开学典礼上发言,先后主持过 2020 级本科生开学典礼、2020 年求是学院新年晚会、2020 年传媒与国际文化学院新年晚会以及第十二届"蒲公英"大学生创业大赛决赛,斩获浙江大学第十六届大学生中文演讲竞赛一等奖、浙江大学第十二届主持人大赛金奖及浙江省思政微课大赛一等奖。

　　2019 年传媒与国际文化学院开学典礼上,顾叶恋作为新生代表上台发言。虽然初入浙大,但舞台上的她毫不怯场,落落大方。也正是从新生代表这方小小的舞台出发,她不断超越自我,在浙江大学美育中心语言艺术队(以下简称语艺队)老师和同学的帮助下,一路披荆斩棘,成为求是学院新年晚会及传媒与国际文化学院新年晚会的主持人,斩获浙江大学第十六届大学生中文演讲竞赛一等奖和浙江大学第十二届主持人大赛金奖,一步步走向更大的天地。

初入校园,微光乍现

　　2019 年 9 月 11 日,和所有浙江大学 2019 级本科生一样,这是顾叶恋以"灿若星辰浙大人"的身份踏入紫金港校区的第 25 天。但不一样的是,这是顾叶恋作为传媒与国际文化学院开学典礼新生代表发言的一天。

聚光灯下,她稳重而淡定的发言,让人难以相信这是一个刚进入大学25天的女孩。25天很短,短到几乎所有人都还在适应着浙大学子这一全新称谓,而顾叶恋却紧紧抓住这次机会,大胆发声,勇敢追光。

在她看来,通过这次发言,她一方面尝试着在大家对传媒学子的既定印象以外去找寻更多的可能性,破除刻板偏见;另一方面则是在多数同学尚未完全适应大学生活的节奏时就培养起对传媒与国际文化学院的归属感。

但最重要的是,作为新生代表发言的经历在她心里埋下了一颗关于主持、关于演讲、关于语言艺术的种子,让她意识到,重要的不是做得怎样,而是敢于去做,即便普通而渺小,但只要勇于表达自己的真实想法,人人都值得拥有发声的机会。

玩转舞台,光芒四射

从新生代表的小小舞台出发,她不断远航,在浙大开辟着自己的主持天地。

虽然是浙江大学美育中心语言艺术队的一员,但事实上,初入大学时,顾叶恋的主持经验有限。和想象中的"怯场""害羞"完全不同,经验有限并没有成为她主持路上的拦路虎,反而让她始终保持一种平和的心态,告诉自己"要好好表现,所有的经历都是锻炼的机会"。

即使在确认得到主持机会之后,顾叶恋也没有完全放松下来。相反,这一份淡淡的不自信促使着她在晚会前做更充分的准备,预留出更充足的时间进行彩排和调整。得益于此,正式主持时,她能"纯粹地享受舞台",沉浸地感受一场校园活动台前幕后所有人的默契配合与辛苦付出。"希望自己这份因兴趣而发的光和热,能够服务于更多缤纷多彩的校园活动",关于主持求是新晚带来的感悟,顾叶恋这样说道。

站在舞台之上,顾叶恋大方得体,玩转主持;退于聚光灯下,她同样刻苦努力,在大一上第一个学期就取得了平均绩点大类专业第一的好成绩。活动和学习,这两个看似难以兼顾的校园话题,被她一一攻克。

但看似轻松平衡学业和活动的顾叶恋,其实也曾经历过渡期的迷茫和自我怀疑,"在刚开始接触大学校园时,面对丰富多彩的课外活动,我还处在对全新的学习方式的适应过程中,一度十分焦虑"。所幸,在时任语艺队队长沈心怡的鼓励和分享下,她逐渐意识到,在课内学业与课外实践之间,并不存在取舍一说,如果出现难以平衡的情况,首先考虑的不应该是选择牺牲任何一方,而应该是个人能力的提升。在后续的不断尝试中,她也慢慢发现想要平衡好学业和活动,关键

顾叶恋主持 2019 年浙江大学求是学院新年晚会

在于"投入"二字,学会将有限的时间和精力发挥出最大的效用。

再添佳绩,星光璀璨

新年晚会之后,时间跨入 2020 年,故事仍在继续。新冠肺炎疫情期间,顾叶恋先后斩获浙江大学第十六届大学生中文演讲竞赛一等奖和浙江大学第十二届主持人大赛金奖,再添佳绩。

对于顾叶恋而言,演讲是她一直喜欢做的事,每一次演讲都能给她带来新的挑战,意识到自己还有广阔的成长空间。关于这次中文演讲比赛,她坦言,自己对语言艺术有了更多的认识和思考。不同于初入校园时作为新生代表发言的"初生牛犊不怕虎",现在的她更加专业:既要有发声的渴望,大胆发光;又要有表达的诚意,传情达意做到自然大方;更不能忽视日常的积累,在即兴发挥时能对已有储备进行快速动员。"演讲考验的是一个人的综合能力",她如是说。

正如语艺队的副队长邱家璇对她的评价:"叶恋是语义方面特别优秀的女孩子,主持、演讲、朗诵都非常突出,非常好地诠释了一个优秀的语艺人不仅仅需要语艺才能上的出色,更兼有生活的积淀、性格的纯全。"

在浙大一年的成长经历,磨炼了顾叶恋的语艺能力,沉淀了她的语艺认识,却未曾改变她加入语艺的初心。从新生代表到新晚主持人,再到演讲比赛一等奖和主持人大赛金奖,顾叶恋一路披荆斩棘,向着光奔跑,让初入浙大时埋下的

顾叶恋主持 2020 年浙江大学紫金新生达人秀

语艺种子开出一朵又一朵绚丽的花。未来,面对更大的舞台和更多的挑战,顾叶恋说自己已在路上,即使微弱,也要大胆发光。

原文字作者:浙江大学美育中心　陈叶安
人物稿修订:何思怡(整合删改)

蒋超慧：优秀歌手不问出处，
声乐之魂此处安放

■ 人物名片

蒋超慧，浙江大学航空航天学院电子与信息专业 2019 级博士生，浙江大学研究生艺术团声乐分团团员，曾获浙江大学第十一届"永谦之星"校园歌手大赛冠军、浙江大学第十七届校园十佳歌手大赛冠军，在第十一届"新加坡中国声乐国际大赛"中获大赛最高奖——特别金奖。

Flashlight 是蒋超慧在第十一届"新加坡中国声乐国际大赛"单人通俗组别比赛中选择的决赛歌曲。她用颗粒感十足的独特声音和充满故事感的舞台表现征服了观众与评委，斩获了大赛最高奖——特别金奖。作为这届比赛中获得该奖的唯一一位非专业选手，蒋超慧成了该场比赛所有选手中的焦点。

从兴趣到专业：博士生的"音乐梦"

虽然在国际大赛上蒋超慧像是一匹在音乐宫殿外突然出现的黑马，但是她对于唱歌的热爱可以追溯到很小的时候。蒋超慧小时候就喜欢唱歌，经常会在奶奶家吊嗓子，小小的她有大大的梦想——把《青藏高原》唱上去！"虽然到现在也没实现，但却是我琢磨演唱的一个开始。"

长大后，尽管没有接受系统的声乐培训，蒋超慧也从没放弃自己的兴趣爱好。"我以前没有受过专业训练，也没有专门学过乐理跟歌唱知识，所以歌唱知识的获取途径只有自学，并且靠自己的感觉不断地领悟歌曲表达的意思，最后靠自己对美感的理解对歌曲进行修饰与处理。"但是她知道专业知识的缺乏和技巧

蒋超慧在新加坡中国声乐国际大赛中获特别金奖

的不熟练在日后的演唱中终会暴露出来,及时完善乐理知识和增加技巧训练是她迈向更高级别声乐殿堂的敲门砖。于是抱着对歌唱的无限热情和自我完善的期望,她加入了浙江大学研究生艺术团声乐分团。"声乐团的基础训练对我的成长是非常重要的,我觉得在浙江大学研究生艺术团声乐分团的一周例行训练中的各种独唱练习、合唱练习和分声部练习就像我音乐道路上一个个脚印,虽然可能并不明显,但是这都是不可或缺的部分。"

除了声乐团的"集体培养",超强的自我驱动力和自我学习能力也是声乐在蒋超慧身上完成从兴趣到专业转变的原因之一。"训练再多再累,训练后一定要有自己的思考。经过自己琢磨和领悟的东西才能内化为自身所有。"为了提高自己的歌唱水平,她还会自己上网找许多学习资料进行学习。"有一段时间,甚至练习到了'走火入魔'的状态。"对蒋超慧来说,没有经过消化吸收的知识是不可能有完美的应用的,只有自己慢慢体会、用心感受过的技巧才能转换成情感,最终由歌声将其娓娓道来。

正是因为她坚持用最专业的态度对待业余爱好,蒋超慧音乐梦的种子才能从浙大校园小舞台飞到中国声乐国际大赛的舞台,在更大更远的地方扎根发芽。

从校园到国际:专业的态度是最好的老师

中国声乐国际大赛是一项具有国际性、权威性、专业性的声乐比赛,每年在欧洲、日本、韩国、新加坡设立分赛场,具备国际大赛的水平。在新加坡举行的第十一届大赛中,共有800余名参赛选手及队伍参加,蒋超慧作为浙江大学研究生艺术团声乐分团成员和其他团员一起代表浙大站上国际声乐舞台。紧张备赛的两个月是她将声乐从兴趣爱好提升到专业水平，从校内小舞台走向国际大舞台所付出的汗水和努力的一个缩影。

　　暑假期间在兼顾繁忙科研任务的同时，还坚持每晚抽出几个小时排练，这对任何人来说都不是件容易的事。蒋超慧的备赛日程恰巧和她转到博士实验室的时间"撞上"，繁重的科研压力下，她不得不压缩每次自我练习的时长，利用碎片化的时间完成训练。"有的时候就连走路的时候都会练习，因为我不想浪费任何与音乐接触的机会。"当被问到如何平衡自己的学习生活和兴趣爱好时，她并没有直接给出答案："我觉得科研和比赛对我来说不需要平衡，这两个都是我热爱的事情，我都会尽力去做好，科研之余练习歌曲、准备比赛就像调味剂一样调和了我偶尔单调的生活。"

蒋超慧生活照

　　热爱让蒋超慧有了坚定的信念，信念造就了她的无限付出。最终蒋超慧在国际大赛上大放异彩，收获了来自各方评委的肯定。再大的舞台上，她都会展现出沉着冷静、享受舞台的一面。因为用她自己的话说，在舞台上演绎的时候，她是个讲故事的人，只需要娓娓道来自己的故事或者是别人的故事，不管是沉抑隐匿的还是激昂直白的，她该做的只是传递情绪表达感情。

　　大赛评委——著名音乐家、指挥家 Michelle 对蒋超慧在舞台上表现的专业水准给予了肯定，他表示作为非专业学生，她这次表演表现出了很高的竞技水平，在咬字和气息方面细节到位。正如参赛带队老师——浙江省合唱联盟副主任、浙江省声乐研究院副院长、女高音歌唱家、浙大公共体育艺术中心张重辉老师所说，蒋超慧是用专业的精神面对自己业余的兴趣爱好。

"音乐就是我的 Flashlight"

歌唱对蒋超慧来说不仅是生活的很大一部分,更是指引她走向"愉悦、自信、热爱生活"的灯塔。就如她的决赛歌曲 Flashlight 中所写:"you're my flash light… you light the way.(你就是照亮我的光芒……你就是指引路的光芒。)"生活中她的音乐就是她的 flashlight,她的光芒。

"音乐让我的生活变得很充实,让我收获了友谊与合作,认识了很多志同道合热爱音乐的人。"蒋超慧回忆道,"记得去新加坡比小组赛的时候,赛前大家都很紧张,在化妆间互相加油打气,大家会一起放声歌唱、一起互相鼓舞,那时刻的那种振奋人心的感觉我至今都记忆犹新。那时是我切切实实体会到音乐给我带来的愉悦、带来的能量的时刻。是音乐让我们相识,让我们相伴而行。"

她每天都会听歌,歌曲就像陪伴她的朋友一样替她诉说着情感,表达她的心情。"那些歌词和曲调就在我心灵的每一个角落,安抚我的每一个情绪,甚至在勾勒我,带我更加清楚地认识自己。"她这样描绘听歌时的感受,"比如 Flashlight,一首我一直都很喜欢的歌,我在听它的时候就能感受到它在传递给我热爱自己、热爱生活的正向能量,也正是这种能量一直在生活中鼓舞着我。包括这首歌的原唱 Jessie J. 也大大地鼓舞了我。她的现场调控,技术上、情感上的表达都是我进步的方向。我很羡慕这种能在舞台上完全地绽放自己的表演。"

正是因为蒋超慧对歌曲的细腻体会,她的演唱也很注重味道和情感。如果要把一首歌唱得有味道,技术只是一个铺垫,只有加上自己的理解、情感的融入、细腻的处理才能把一首歌真的唱好。这也是她对自己的要求:"在练习与表达之间我逐渐意识到如何将技巧融会贯通,自然而然地抒发、表达情感。这不仅要求我要多地听别人的表达方式,还要求自己对歌曲有深入的理解,并且能将自己的真情实感与歌曲结合。有的时候如果没有深切的情感经历,我会使用代入感来使歌曲的表达更加丰满。"

"音乐对我来说不仅是不断寻找突破的挑战,更是让我享受生活的一个途径。"随性而不随便,抱着这样的音乐态度,蒋超慧在声乐之路路上越走越远。

原文字作者:浙江大学微讯社　华佳宁、佳乐
部分素材由浙江大学党委研究生工作部提供(文字:莫康、郭兆宇)
人物稿修订:陈灵莹(补充采访,内容增补)

李加伟:校园里的"段延庆",这个男生会说神秘腹语

■ 人物名片

　　李加伟,浙江大学生物系统工程与食品科学学院农业机械化工程专业 2016 级研究生,自 2014 年起自学腹语,花费半年的时间练成用腹语"说话",组织腹语木偶爱好者进行学习和交流,希望能以此为起点引发更多的人对中国传统文化以及特殊儿童事业进行关注和支持。

　　看过《天龙八部》的人都知道,金庸先生的笔下有一个可以"用肚子说话"的武林高手——段延庆。其实,在浙江大学也有一位习得这种"高能"本领的同学。从初识腹语到不用开口也能"说话",李加伟花费了整整半年的时间。

当兴趣与热忱交织

　　"腹语其实并非用肚子说话,而是一种特殊的发音技巧,"李加伟解释道,"平时我们说话时,是靠唇齿舌共同运动而发出声音的。但是如果我们通过肚子用力,将气息打在声带的特殊部位,使上颚和舌头震动而发声,就是说腹语。"在谈到自己喜欢的腹语艺术时,他眼里有光。

　　李加伟对腹语的兴趣,源于 2014 年的春晚舞台——腹语大师刘成带着他的"搭档"空空,给全国人民奉上了一台妙趣横生的腹语表演《空空拜年》。电视机前的李加伟一下就被吸引住了,从那个时候起他便深深地迷上了这门艺术,开始了自学之路。现在,腹语已经成为他生活中不可或缺的一部分。

李加伟正在和他的木偶男孩"lucky"练习腹语

神秘有趣的腹语表演需要通过人与木偶之间的"斗嘴"来呈现,所以木偶是不可或缺的。这些用于表演的木偶是特制的,专业的木偶内部都会设计成可操控的结构,有些可以直接把手伸进去操控木偶的嘴巴和眼睛等部位,有些则需要通过一些装置和按钮来控制,让木偶与人相互配合。

几年来,李加伟慢慢收集起了五六只木偶,"据我所知,表演腹语的人,多的有十几只木偶,少的可能有两三只。"一个叫"lucky"的小男孩是他买的第一个木偶。而他最喜欢的玩偶是一只叫"雪犬"的木偶狗。"收到这个礼物的那天正好是下雪天,2018年又刚好是狗年,所以就叫它'雪犬'了。"这是2017年他托朋友从美国带回来的。他把这两只木偶一只放在寝室,另一只放在学习的实验室,一有空就会拿着它们练习腹语。

"因为国内还没有专门的腹语木偶店,好多都要从国外购买,所以腹语木偶的价格都不低。"李加伟说,"为了节约成本,我们想今后从淘宝上购买一些普通的玩偶进行改造,亲手制作专属的腹语木偶!"

坚持可以成为习惯

坚持是没有标准的,只能取决于自己。

在2014年决定要学习腹语后,李加伟就开始从网上四处找教程,加入QQ群、微信群,向前辈讨教经验……

一开始,他先从A、B、C等字母学起,紧接着是通过练习绕口令来训练舌头,最后则是练习发爆破音，即带有 b、p、m、f 这些字母的词。李加伟认为，爆破音是腹语里最难说的词。"因为这些音都要依靠嘴唇来发音，一般人嘴唇不动，就很难说清楚。"光是练习"爸爸""妈妈"这两个词，他就用了大约两个月的时间。而从最开始的学习到能用腹语说话，他花了整整半年的时间。

"这是一项需要多练习、多和他人互动的技术，如果大家能够大胆地走到室外，在公共场所进行木偶腹语表演并和他人进行互动交流，往往可以有较快进步。"李加伟说，"目前，腹语在中国的发展还处在起步阶段，专业的腹语教程很少，正规和系统的培训更是少之又少，而且价格还很高，如果请一些专业腹语师来做培训的话，至少要花掉几千块。"基于这种现状，李加伟开始自己借教室、做PPT，和其他腹语爱好者们一起学习和交流。

李加伟生活照

因为练习腹语有时看起来会比较奇怪，所以有很多初学者都出于害羞而不敢大胆练习。李加伟给大家想了很多办法，比如用腹语读书、读报纸、唱歌等。最妙的一招是用腹语背英语单词。"用腹语说英语比说中文更加容易，而且练习时看起来会更自然。"从生物系统工程与食品科学学院的多媒体教室里常常传来笑声、歌声还有念拼音字母的声音，那是一群浙江大学的木偶腹语爱好者在进行练习和交流。

六年一晃而过，那些木偶见证了他全部的情感和坚持，也一直聆听着他的初心——传承和发扬中华传统文化。

坚守初衷方得始终

李加伟认为，相较于传统的提线木偶、铁枝木偶，腹语木偶是一种更容易被年轻人接受、更容易传播的方式。而"传承和发扬中华传统文化，用木偶腹语来推动动物保护和儿童教育"则是他的"初心"。

"目前，国内外木偶腹语表演主要还是采用脱口秀的形式，通过人与木偶间的斗嘴达到幽默风趣的效果。"这也是腹语表演让许多年轻人感到新奇的原因。"其实在当下流行的木偶腹语表演中加入戏曲说唱的元素，就接近于中国传统的木偶戏啦！在借鉴西方表演经验的基础上对中华传统木偶戏进行创新，是我推广木偶腹语的兴趣所在。"但学习腹语需要的时间长，过程也很枯燥，能够长期坚持并精通的人少之又少，传统文化的创新和推广将会是一个漫长的过程。

在李加伟看来，木偶腹语还是一种包含爱的艺术。"在木偶腹语表演中，我们可以借用小动物的形象，做一些动物保护相关的主题宣传。另外，将木偶腹语用在儿童教育领域，特别是自闭症等特殊儿童群体，也可以起到良好的效果。"这也是木偶腹语的存在所能产生的现实意义。

因为木偶腹语这个爱好，毕业后李加伟就从事于自闭症康复教育行业，致力于为自闭症儿童提供康复教育、融合、职业、训练、就业、托管安置等全生命周期的支持。

"希望有更多的年轻人能够像我一样通过对腹语木偶的兴趣，更加关注中国的木偶戏，关注中国的戏曲艺术！"一台腹语木偶戏，李加伟演绎出了真实的自己，坚守着他不变的初衷。

原文字作者：浙江大学　陆理宁、马宇丹
图片来源：钱江晚报视频《浙大硕士用腹语演绎延禧攻略：最难说的词是妈妈》
人物稿修订：李若楠（整合删改）

刘虎贲:优雅小公子,
物理学霸也爱琴棋书画诗酒花

■ 人物名片

刘虎贲,浙江大学物理学系(求是科学班)2017级本科生。《神奇的汉字》总冠军,曾获国家奖学金、浙江大学一等奖学金、竺可桢奖学金。酷爱研究汉字,精通甲骨文字形知识,并在节目《龙的传人4》中担任过国学领队。穿花寻路,染一身花香,"虎贲中郎将"为传播中国传统文化做出了自己的贡献。

长安城里少年郎

风走了八万里,自盛唐吹来,卸下一路的风尘仆仆,融入甘露润土,于是文化的氛围在这座古都氤氲开来。在那钟灵毓秀、人杰地灵的长安,有一人,积极汲取着千百年积淀的文化,在自己的心中,种下一片诗意。

他就是刘虎贲,与诗结缘,以书作节,少年如临风玉树,风度翩翩。

当谈起如何与诗词结缘,刘虎贲坦言并没有什么特殊的契机。"诗词歌赋就是我的个人爱好,大概从小学五六年级就开始喜欢吧,后面读相关的书越来越多,感触就越来越多了!"刘虎贲笑着说,"在诗词歌赋和汉字方面,我从没去上过辅导班,但平时我喜欢看相关的电视节目和书本,一看就停不下来,我还喜欢去旅游,看到景点古迹上的一些诗词,也会记录一番。"

所谓"契机",或许只是小学课本上的一两篇文言文,又或许是身处"十三朝古都"西安的耳濡目染。"外婆是中国画画家,奶奶是教师,她们从小给我讲历史

刘虎贲在看书

故事，也许在传统文化上对我有启蒙。"久处芝兰之室，久而不觉其香，这份对传统文化的热爱，早已融入血液，成为他那书卷气中不可或缺的一笔。

长安城里少年郎，而今诗情满庭芳。当这位饱读诗书的"优雅小公子"登上舞台，那份书生风度和少年意气，便在绚丽的灯光下，开出花来。

虎贲中郎成铁将

2020年，刘虎贲机缘巧合收到节目组的邀请，参加湖南卫视大型文化综艺节目《神奇的汉字（第二季）》。这档节目题型新颖，考察内容虽以汉字字音、字形、字义为载体，但外延非常广泛，包括甲骨文字形、历史典故、传统习俗、成语古诗词等古代语言文学常识的多个方面。比赛题目看似寻常，答案却总是令人意外：抬杠与哪个节日有关；《悲伤逆流成河》《失恋三十三天》《情深深雨蒙蒙》三个电影名中哪个包含了成语；鲁班、屈原、孔子、华佗分别姓什么……

然而，即使最终成功夺冠，刘虎贲一路走来也并不容易。挑战系统学习过相关知识的科班选手，本身就需要强大的勇气和毅力。"每轮比赛都有10多个来自全国各地的大学生参赛，他们都各有特长，有的是中文系优秀学生，有的在博物馆担任兼职讲解员,但学物理专业的,只有我一个。最开始,很多人也有疑虑,学物理的人,诗词歌赋和汉字拼得过学中文的吗？我并不被看好。"刘虎贲说。

　　尽管如此,他仍然在艰难地前进着:他深入分析了自己的优势和不足。保持自己在古诗词和古代文学方面的优势,把以前背过学过的诗词文章在空闲时间继续背熟。在古诗词方面,刘虎贲还有一套自己几万字的"经典诗词库",这是他的独门秘籍,里面绝大部分内容他都能张口就来。他还利用空闲时间观看慕课教程,阅读《说文解字》以此来弥补古文字方面的欠缺。

　　虎贲自己调侃道,自己在《神奇的汉字》的旅程可以说是摸爬滚打。在赛场上,他戏称自己是"流水的选手,铁打的贲贲",虽然几次与周冠军以微弱差距擦肩而过,但之后总能看到他又一次回到起点重新发起冲击。作为汉字新生,从第一期就开始挑战擂主的刘虎贲屡败屡战,出场词也从"优雅小公子""虎贲中郎将"渐渐地变成"不拿擂主就不走了""屡败屡战,屡战屡败,永不言弃",甚至在比赛中扬言"这道题答不对就吃桌子",直到第六期终于获得宝贵的擂主席位,之后他更是排除万难,在总决赛前最后一刻的番外赛中抢到珍贵的总决赛入场券,被大家誉为"汉字铁将",最终势如破竹,将冠军的旗帜,高挂在汉字舞台之上。

刘虎贲获得《神奇的汉字(第二季)》总冠军

　　获得总冠军那一刻,刘虎贲还有些意外。他坦言自己并不是夺冠的最热门人选,更像是班里一个天赋不高,靠着后天努力和不放弃的精神走到最后的学生。站在总决赛舞台上的他最喜欢说的关键词就是"幸运",他也常常回想起一路走来给予他帮助的人们,对他们总是怀着一颗感恩之心,希望能不辜负大家对自己的期望。

归来犹带岭梅香

当问及回归平静的校园生活后，是否会产生心理落差时，刘虎贲回应道，所有的光荣和成就都属于过去，新的挑战已在等待自己。他说，诚然，任何荣誉都是有重量的，但这重量不应成为松懈的借口，而更应成为时时鞭策自己的动力，提醒自己为人生的下一次沸腾全力以赴。

的确，刘虎贲在一次又一次的磨炼中愈挫愈勇，即便他的初心很简单："这是一个挑战，也是一个很好的契机，一个给自己重新拾起因学业压力而闲置传统文化学习的机会，更可以借这次机会扩展自己的文化知识，提高文化素养。"他也未曾退后半分。经岁月洗涤过的少年意气，被温柔敦厚所包裹，像茶叶一般，在沸水中缓缓舒展，伴随着缕缕清香。在决赛获胜时，擂主旗帜缓缓落下，享受着成长过程的他，笑得那么从容不迫。

当被问到将来的发展时，刘虎贲说，未来怎么发展，还没想好。"我应该不会去做诗词歌赋相关的研究。做中国诗词文化的研究，和我平时喜欢汉字，在诗词中获得情感的共鸣，我觉得完全是两码事情。"

诗词对于刘虎贲来说，是生活的体现与情感的共鸣。诗意的生活不需要过多的准备和铺垫，不需要特殊的器物和精美的修饰，只要一颗感受美的心、从容的气度和坚毅的风骨。他曾经在一次演讲比赛中说："忙碌不是诗意缺席的理由，何不将新火试新茶，诗酒趁年华。"

"缘溪行，忘路之远近。"不论面对繁难的物理专业课程或是浩如烟海的传统文化，刘虎贲始终保持着自己对未知的探索热情。"相信当所有的知识都水乳交融时，便到达了自己的桃花源，那也必将是豁然开朗的一番美景。"他说。

原文字作者：浙江大学学生会　杨冰、杨璐琳

ZJU 格物致理微信公众号　戴剑豪

人物稿修订：郭麦笛

潘红:像风一样,
她拿下8个马拉松冠军

■ 人物名片

　　潘红,浙江大学教育学院运动训练专业2015级本科生。2018年11月获得杭州马拉松国内女子季军以及绍兴马拉松国内女子半程冠军,12月2日获太湖马拉松国际女子半程冠军,12月9日获浙江马拉松精英赛精英组女子冠军,12月16日参加浙江超级马拉松接力赛并与团队一起获得冠军,12月23日,获德清马拉松半程女子国内冠军。2019年元旦三天假期期间,潘红获得浙大马拉松女子冠军、杭州10公里精英赛女子A组冠军、浙马接力冠军赛(遂昌100)团队冠军。

　　短短一个多月时间,潘红一口气拿下了8个马拉松冠军!到现在为止,潘红已参加了近30场马拉松,全马最好成绩更是达到2小时42分。然而,在跑步的圈子里,她却是一个"最懒惰""不自律"的人。

有天赋,也有热爱

　　潘红从小便爱玩爱闹,喜欢随便跑一跑。渐渐地,中学教练发现了她的运动天赋,潘红也发现自己非常喜欢体育运动。于是从初二、初三起,她决定开始接受专业体育训练。在潘红看来,她最开始其实没想太多,也不知道为什么练体育,就是喜欢玩,没想到最后会真的学体育。

　　在高中的系统训练中,潘红又一次将"假小子"的特质表现得淋漓尽致。训练踏实刻苦的她,800米、1500米成绩突飞猛进。高一时,她的1500米就能跑出4分22秒的成绩,比国家一级运动员的标准还快9秒!

凭借天赋和努力,2015年,潘红如愿进入浙江大学教育学院运动训练专业。

当被问及马拉松生涯因何契机开启时,潘红回忆道:"2016年国庆节过后的一次半程马拉松,是我参加的第一场比赛,那时我大二。当时感觉跑马拉松已成为社会上的一股热潮,自己只是想尝试一下,没想到从此一发不可收拾,也更没想到因自己加入了马拉松队伍,许多身边人也受到影响,纷纷爱上了马拉松。"

有自由,也有荣耀

作为一位成绩极佳的马拉松选手,潘红平时接受的却并非专业教练提供的专业指导。她每周的运动基本上就是和表姐约跑步,有时候一周也跑不上一次。她补充道:"每次就是绕着小区跑,差不多是10到12公里。"其实,这位马拉松健将跑步时的习惯也和大家差不多,多数时候会听听歌。于她而言,听歌可以分散注意力,也可以调节心情。

一个月拿到8个冠军,并不代表潘红对马拉松"来者不拒"。"我比较随性,选择比赛看心情,不是有比赛就会去比。有时候,我报名一场比赛仅仅是因为那个城市没有去过,更多时候是抱着一种体验的心态,没有那么多功利性。"在美国

2019年3月10日,潘红参加第十届苏州环金鸡湖
半程马拉松并获女子冠军

俄勒冈州举办的一场马拉松比赛给了潘红最深刻的印象。那一场比赛是接力的形式，也许上一棒是在白天跑，下一棒就变成了夜里，头戴夜灯翻山越岭。潘红很喜欢这样的形式，因为这样一路走一路看，风景不停变换的马拉松会让她体会到更多乐趣。

虽然不追求名利，潘红却一直在追求更好的自己。每次比赛之后，潘红都会对自己的成绩做出反思，总结经验，是加速晚了还是怎样，潘红都清清楚楚地记录着。"虽然说 PB（个人最好成绩）没有那么重要，但每次跑步总得有点进步吧。"值得一提的是，潘红虽不是校队的成员，但也会代表学校去参加比赛，"为学校出征是一种光荣"。

一个月拿下 8 个冠军之后，潘红在马拉松赛事上的知名度大大提升，有电台邀请潘红做一档访谈节目，谈谈自己跑马拉松以来的种种感受。潘红还受邀参加了浙江省马拉松年会。"自己大概是全省青年组前三名吧，所以会被邀请，最后也有获奖。"潘红曾经参加过耐克"破 2"计划在中国设置的接力赛，由于发挥出色，被工作人员追问有没有意愿参加 Nike Elite，然后潘红就顺理成章地加入其中。

有马拉松，但跑步也不止如此

"美女体霸"，类似这样的称号让潘红几乎成为每场马拉松的焦点。对此，潘红不好意思地笑笑，"大家称赞得比较夸张啦。"

平日里，潘红喜欢看东野圭吾的小说，没事的时候也会窝在宿舍里追剧。她的朋友圈也会发各种美食打卡照片，烤肉自助、串串等一系列在人们印象中是长跑运动员禁忌的食物也常常出现在潘红的朋友圈。当被问及是否会控制饮食时，潘红笑言："当然不会去控制饮食，我之所以那么爱跑步，就是为了毫无负担地去吃。"

随着岁月的流淌，潘红奔跑的脚步愈发坚定、愈发轻盈。"运动真的会给人带来快乐。每次跑完都觉得身体畅快了许多，也感觉自己变得更加有活力、更加开朗乐观了，头脑也会更清晰呢。"说到这，潘红的脸上洋溢着满足的笑容，仿佛跑步是她的一位老友。在小的时候，潘红是很腼腆的人。因为有了跑步，她才逐渐愿意打开心扉，和其他人交流。通过跑马拉松，潘红结识了很多朋友。

潘红说，不想把马拉松当作工作。她想要保持这份喜欢的纯洁，自由自在地去跑。

潘红参加 2019 Hood to Coast Summit 的参赛证书

当被问及人生信条时,这个"像风一样"、天性爱自由的女孩子这样说道:"用三毛的一段话来说吧,我喜欢用我的方式过自由自在的日子,虽然我自己也不确信我活得有多好。"努力却不苛求,自由却不放纵,潘红正享受着这样的人生状态。

原文字作者:浙江大学公众号　韩诗雨
《钱江晚报》　李颖、王萍琴
人物稿修订:赵静(整合删改)

王英强：龙舟争渡，搴旗捶鼓骄劣

■ 人物名片

王英强，浙江大学海洋学院海洋工程与技术专业 2015 级本科生，海洋工程与技术专业 2019 级博士生，曾参加中华龙舟大赛、全国大学生皮划艇锦标赛、中国名校龙舟竞渡，获 2018 年全国大学生皮划艇锦标赛男子单人 200 米冠军、男子单人 500 米第四。

一船一桨，心系学校

点开王英强的朋友圈，满屏的水上运动。大学四年里，凭着一船一桨，他为学院、学校夺取的荣誉无限，也创造出了一个属于自己的"龙舟"世界。

刚刚考入浙江大学的王英强听说 C9 高校之间有一年一度的龙舟赛，那是他第一次了解浙江大学龙舟队。小时候的王英强身体并不如现在这般强健，个子也不高，常会被大家说"虚胖"。高考结束之后他下定决心要好好锻炼身体，决不能因为身体原因遭人取笑，也不希望糟糕的身体状况影响日后的学习和科研。出于这些原因，王英强加入了浙江大学龙舟队。入队后，一丝不苟的教练许亚萍——萍姐，耐心教新队员划船的前辈队员，为母校争光的体育精神和荣誉感……这些无一不坚定着王英强在龙舟队好好训练的信念。他暗自下定决心：一定要在校队进步，一定不辜负培养，一定取得比赛机会，一定为母校争光。

王英强对荣誉的"疯魔"，源起于 2016 年那场中国名校龙舟竞渡（西溪）。与其他在杭高校队伍的差距如同一盆凉水，浇灭了赛前的幻想和热情。这是王英

147

强初次体验竞技体育的残酷,比赛的失利和老队员的退役让王英强内心的失落无处遁形,师兄的那句"毕业前不拿到冠军绝不退役"的玩笑话也成为他心中一个解不开的结。

从此,学校的荣誉在他的内心占据越来越高的地位,他把胸前挂着的浙大校徽看得格外重要。在他的理念中,赛场上,无论专业,无论年级,这支队伍的所有人都被冠以"浙大人"的共同称号,他们必须拼尽全力,因为前方是学院乃至整个学校的荣誉。抱着这样的信念,即使大三搬入了舟山校区,他也不辞路途劳累,心甘情愿地奔波于舟杭两地。每每比赛前夕,来回六七小时的车程就占据了王英强周末的大头。平日里,只要有机会,王英强也会回紫金港校区的水上运动码头"过过瘾",哪怕只是站在启真湖畔看看,也足以心安。

坚持是一件很有意义的事情

从文弱书生到血性硬汉,王英强用经历、用实力证实了"坚持确实是一件很有意义的事情"。

龙舟队的入队不设任何门槛,而真正的门槛却是隐形的,经过无数次训练的冲刷,它就会慢慢浮现出来。王英强坦言,因为高年级换校区和毕业等原因,大四那年,当时和自己一起入队的队友只剩下寥寥几人。队内的训练总是以身体的煎熬和心里的痛苦试图"劝退"很多人,沉淀出一群为梦想而坚守的勇者。

回忆起初次接触水上运动,这个阳光大男孩的脸上闪过一丝羞涩而尴尬的笑。第一次训练时,看着师姐们做俯卧撑、仰卧起坐,自己却连队里女生的标准都很难够到,王英强的心中不免有些着急和沮丧。又想到水上运动所需要的"身高"和"手长",自己一项都不占优势,"苦练"就成了唯一的出路。既然先天条件不如人,那就让过硬的技术成为最坚实的盔甲。

更苦的还是假期时的训练。2018年暑假,为准备全国大学生皮划艇锦标赛,王英强所在的这支队伍被安排到千岛湖与国家皮划艇队一起训练。千岛湖的八月正值太阳最辣的时节,但正是这一个多月的暴晒,成就了这支队伍的辉煌。早晨八点起床,从准备到训练只有短短一小时,再上岸时就已经是中午了。午休的时间也一样短暂,就算到了晚上,力量训练也不会因为大家的身心疲惫而放松要求,一天六七小时的集训是常态。

2019年寒假,为准备中华龙舟大赛,浙江大学龙舟队的成员大年初六就回到了紫金港校区。即便是连续几日鸥寒雨,在启真湖训练时双手被冻得通红,一天三练,他们都不曾松懈。"还记得那时候上了岸,所有人都是抱在一起取暖的。"王英强的脸上轻描淡写,话语间却是掩藏不住的艰辛。

从刚入队时对二十圈的早训心生畏惧,到后来双手十几个水泡也只道寻常,虽有无数次流血、无数次喊累,但"放弃"二字从未入侵过任何一根神经。王英强对自己的高标准、严要求也从未有过丝毫的动摇,因为他心中清楚,自己偷懒少划的每一桨,都需要其他队员来顶上。

2019 年 3 月中华龙舟大赛(海南万宁站)

四年一晃过,数百次煎熬的集训,数百个流汗的日夜,都幻化成心底星星点点的光芒。坚持的意义,就在于为那片纯粹的初心而奔走,在于那段旅途中不期而遇的每一份感动。

直挂云帆济沧海

2018 年,王英强再次出征全国大学生皮划艇锦标赛。这次的比赛对他来说意义非凡,为争取奖牌,他必须背水一战。

2017 年第一次参加全国大学生皮划艇锦标赛的王英强仅获第四,与梦想的领奖台失之交臂。2018 年第一个比赛日男单 500 米第四的成绩,更是给王英强巨大的压力和打击。"练了三年,第三次参加比赛,决赛的成绩像在跟我开玩笑。"在那晚的总结会议上,他格外沉默。可现实不许他就此沉沦。当整个梦境都被败北的模样充斥,他选择将浙大人的坚毅进行到底。王英强说:"我心里其实还有一口气,比赛还没结束,一定不会半途放弃。"

第二天,他甩开了所有包袱,不负众望地以 55 秒 60 毫秒的成绩成功夺下男子单人 200 米冠军,一偿三年夙愿。"攥着校旗走上最高领奖台,这是我朝思暮想的一幕啊!"王英强回忆时,眼里闪烁着光,就像是大海星辰尽入眼底。

2019 年 5 月作为学生教练带领海洋学院水上运动队
荣获"三好杯"团体双冠(前排右二为王英强)

现在的王英强虽然科研任务比较重,参加比赛的次数也比较少,但仍然舍不得说自己退役。2017 年王英强到舟山校区之后就接任了舟行社社长一职,和几位前辈一起推广水上运动,培养海洋学院的水上运动队。卸任后,他和新任的社长们一起扩充社团和学院运动队的训练设施,壮大海洋学院水上运动队,并借水上运动与浙大其他学院和舟山群岛兄弟院校积极开展沟通交流。除了学院水上运动队的建设和社团水上运动的推广之外,王英强说:"如果杭州有需要老队员参加比赛的情况,我也会力所能及地安排时间参加训练和比赛。"

原文字作者:浙江大学微讯社　李梦洁
人物稿修订:黄子涵(补充采访,整合删改)

谢震业：屡创奇迹，
浙江大学"飞人"拼搏奥运赛场

■ 人物名片

　　谢震业，浙江大学教育学院体育系运动训练专业 2012 级本科生、2016 级硕士生、2020 级博士生。2019 年国际田联钻石联赛伦敦站男子 200 米，谢震业以 19 秒 88 的成绩夺冠，打破自己保持的 20 秒 16 的全国纪录以及卡塔尔归化选手奥古诺德保持的 19 秒 97 的亚洲纪录，成为首位突破 20 秒大关的黄种人。2019 年多哈田径世锦赛，谢震业以 20 秒 03 的成绩闯进男子 200 米决赛，创造了中国短跑历史，成为中国首位进入该项目世锦赛决赛的运动员。在 2021 年东京奥运会男子 4×100 米接力决赛中，谢震业和队友一起获得第 4 名，追平历史最好成绩。

北京时间 2019 年 10 月 2 日凌晨，在多哈田径世锦赛上，浙江大学教育学院 2016 级运动训练专业研究生谢震业以 20 秒 14 的成绩获得了男子 200 米决赛第七，为中国田径谱写了新篇章，他也成为第一个晋级田径世锦赛男子 200 米决赛的中国选手。回顾谢震业的过去，在大大小小的比赛中，他一次又一次突破自己，创造纪录。作为第一个 200 米跑进 20 秒、100 米跑进 10 秒的亚洲本土选手，谢震业从未停止对时间追逐的脚步，一直朝着更快的目标前进。

年少成名，却低调谦逊

2006 年，13 岁的谢震业进入绍兴市体校田径队，第二年进入浙江省体校，2010 年在青奥会男子 200 米决赛中以 21 秒 22 的成绩为中国代表团拿下金牌。但是年少成名的他并没有因为自己的成绩而骄傲，反而更加努力鞭策自己，争取每个赛季都能够有新的突破。2018 年 6 月，谢震业在法国蒙特勒伊赛以 9 秒 97 的成绩夺得男子百米冠军，成为当时百米最快的黄种人之一。谢震业荣誉加身，但是在平时的训练中却显得谦逊低调，没有丝毫骄傲自满。在浙江体育职业技术学院田径系副主任谢建辉看来，谢震业是田径队的榜样，他能一直沉下心，保持对自己的严要求，刻苦训练。

"胜不骄，败不馁"也是谢震业的良好品质。在北京田径世锦赛结束后，谢震业独自带着行李箱返回杭州，没有鲜花和掌声，也没有许多人来迎接。在取得了如此大的荣誉之后，谢震业仍然能够保持一颗平常心，这是很多人做不到的事情。

能取得这样的成就，谢震业付出了比常人更多的努力。在大大小小的比赛中，谢震业也受过伤。在微博上，他经常会更新自己训练时期的照片，字里行间充满乐观，并没有抱怨每天繁重的训练。在新冠肺炎疫情防控期间，谢震业也积极配合防疫的各项工作，完成着各种各样的训练。

运动出色，学习同样出优秀

值得一提的是，谢震业不仅仅是短跑名将，还是浙江大学的博士研究生。2016 年本科毕业后，谢震业以年级第二的成绩被保研到浙江大学教育学院体育学系。2020 年他被浙江大学教育学院录取为博士研究生，攻读体育教育训练学。作为浙大体育学系 2020 级博士生研究生，平日里虽然训练和比赛占据了大部分时间，但是他仍会利用训练之余来学习。谢震业认为，文化课和体育训练同样重要。

这种生活不可谓不充实。谢震业因为比赛和训练的缘故只能错过上半年的课程，因此只能在下半年把上半年的课程补回来，使得训练和学习都不落下。9 月到 11 月这一段时间是谢震业最忙的时候，每天往返于学校和训练场地，上午训练，下午学习。当被问到为什么在如此繁忙的训练中还要坚持学习的时候，谢震业说道，这是为了更好地提升自己。

谢震业在操场上

拼搏奥运，再次突破自我

2020 年如果没有新冠肺炎疫情，谢震业已在赛道上继续拼搏，和时间赛跑。但是疫情并没有让谢震业停止训练。东京奥运会的推迟，使得谢震业原本的训练计划被打乱。这对谢震业来说是一个巨大的挑战，不仅要调整好心态，训练计划也要做相应调整。当被问到对于东京奥运会延期一年是什么感受时，谢震业答道："这是措手不及的变化，为奥运备战的四年惯性戛然而止，开始我还以为是开玩笑。但在确认之后，要做的就是必须适应。其实我们运动员本身就是不断在适应。"

谢震业在微博中写道："距离 19 秒 88 的成绩已经过去了 366 天，目前我正在积极备战东京奥运会，希望创造下一个好成绩！"可见，过去的荣耀并没有让谢震业骄傲自满，不断地突破自我，让 19 秒 88 成为过去式，才是他的目标。

由于 200 米突破 20 秒是在第九道实现的，谢震业也被称作创造"第九道奇迹"的人。在 2021 年举办的东京奥运会上，谢震业参加了 100 米、200 米两个单人项目和 4×100 米接力赛。在接力赛中，由汤星强、谢震业、苏炳添和吴智强组成的中国田径男子接力队，在预赛中以 37 秒 92 的成绩名列小组第一；决赛中，中国队最终以 37 秒 79 的成绩获得第 4 名，追平了中国在该项目的最好成绩！

谢震业目前正处于职业生涯的黄金年龄，处于运动员生理机能、技术能力最好的时间段，他一直朝着自己的目标不断努力。经过了长时间的备战，谢震业对

谢震业给浙大同学们上"冠军公开课"

未来充满了信心:"目前我的状态和平时没有太大变化,我希望可以保持2019年的状态,在这个状态的基础上进行一定的突破,把自己当成对手去打败,实现在奥运会站上领奖台的愿望。"相信谢震业一定能够调整好自己的状态,在未来的田径场上取得优异的成绩!

原文字作者:浙江大学微讯社　施亨妮、芷凌

人物稿修订:张启(根据原稿内容增补)

徐菡：美育佳人，她在亚运会闭幕式上向世界展现中国风采

人物名片

徐菡，浙江大学管理学院财务管理专业 2015 级本科生，浙江大学礼仪队、啦啦操队成员，曾在雅加达亚运会闭幕式上担任礼仪助手，从杭州市市长手中接过亚洲奥林匹克理事会会旗，同时担任同行翻译。

"看到徐菡啦！""小骄傲！棒棒哒！"北京时间 2019 年 9 月 2 日晚，一张雅加达亚运会交接仪式的视频截图在浙江大学啦啦操队的群里引发了"轰动"：画面里，一位高挑的姑娘身着绣有荷花和云纹图案的蓝色中式礼服，正安静地站在嘉宾身后。随后，她走到台前，从杭州市市长徐立毅手中接过亚洲奥林匹克理事会（以下简称亚奥理事会）会旗，又缓缓走回舞台后侧。至此，亚运会正式开启"杭州时间"。

唯一一名非礼仪专业的"礼仪助手"

这位颇受大家关注的姑娘是浙江大学管理学院财务管理专业的准大四学生徐菡，她是当晚三位中国礼仪助手中，唯一一位非礼仪专业的本科学生。

"对我来说，选拔最难的是第一轮的才艺展示。"2019 年暑假，徐菡经由学校推荐，参加了亚运会礼仪助手的选拔。但看到才艺展示、语言能力和综合能力测试这三大面试环节，她不免心里有一些紧张："作为一名普通学生，相比其他学校的艺术特长生，我其实没有特别亮眼的才艺。"有没有什么办法既能表现自己的才艺，又能展示出当代大学生积极向上的精神面貌？徐菡想到了自己的日常爱好——跳舞和弹钢琴。

原来，大一时，徐菡曾是浙江大学礼仪队的一员，接受过专业的礼仪训练。"记得大一时在丹青学园门口接到了礼仪队纳新的传单，礼仪队学姐的样貌、谈吐、体态各个方面都给我留下了非常深的印象。"当时她就萌生了加入礼仪队的想法。"真正优秀的人应该在方方面面都保持高标准的自我要求，包括体态样貌以及内涵。"徐菡解释道自己加入礼仪队的原因，"我加入礼仪队主要就是为了接触优秀的氛围，以此自勉。"大二，她又加入浙江大学啦啦操队，在多场大型校内外活动中有过精彩的表现。在业余生活中，她钟爱钢琴，还通过了钢琴 A 级的考试。

2017 年全国啦啦操冠军赛浙江大学啦啦操队合影

（第二排右三为徐菡）

于是她灵机一动，在面试官面前跳了段啦啦操，弹了段钢琴曲。后来导演告诉她，这次才艺选拔的其实不是才艺，而是自我展示的能力和与人沟通的能力。凭借大学里打下的良好基础，徐菡顺利通过了三轮要求严苛的面试，并成为接过亚奥理事会会旗的礼仪助手。

"我想，我的礼仪能力、交流能力、自我展示能力和语言能力都是我最终入选的重要因素。"徐菡说。

既是礼仪助手，又是同行翻译

在接到亚运会组委会通知的那一刻起，徐菡就认识到，这次是代表国家远赴印尼参与雅加达亚运会闭幕式，责任重大。一个站姿、一个手势，可能都会影响到世界各地观众对中国的印象。为了让世界感受到中国大学生的风采，徐菡自己给自己开起了"小灶"——每天贴墙站，以改善身姿不够挺拔的问题；主动找到同行的两位播音主持专业礼仪方向的伙伴，向她们请教更加专业全面的礼仪知识……

徐菡在雅加达亚运会闭幕式正式开始之前
身着正式服装的日常礼仪练习

"我以前也做过学运会闭幕式的志愿者，但是与这次感觉完全不同。"在雅加达，徐菡不只是一位礼仪助手，她还需要负责中印两国领导人交流时的翻译工作，特别是在交接仪式前的候场时，她更需要打起精神，随机应变。"相对于课本上的知识来说，词汇和语调在日常化的交流中会更加重要。"因此，她还在暑假期间，一边实习，一边对自己的英语口语和听力进行练习提高。

在交接仪式上，当亚奥理事会主席艾哈迈德·法赫德亲王将亚奥理事会会旗交给中国奥林匹克委员会主席苟仲文时，细心的观众会发现徐菡有一个轻微的颔首致意——这是反复排练沟通过后与嘉宾形成的默契，自然又大方。

淡定且自信，感激浙大关于"美"的教育

"浙大开放的氛围让我有很多对外交流的机会，到了大场面里会淡定很多。"据了解，在三位礼仪助手中间，徐菡所承担的任务最重，在接旗仪式上所站的位

置也最靠近嘉宾,被直播摄像机反复"扫到"的概率更大。在初次进入会场的第一次彩排中,就有人紧张到顺拐,但是凭借着参与大型活动的丰富经验,徐菡从紧张到淡定,最终出色地完成了任务。

"在舞台上站定后,场馆的光束瞬间打亮并聚焦的时候整个人都僵硬了。"虽然正式闭幕式之前已经彩排过无数次了,但是真正站到了台上,年轻的姑娘还是有些紧张。"不知道镜头什么时候会扫到我,就一直保持紧张的微笑,肌肉都抖了。"唯一的小插曲出现在徐菡拿到旗子的那一刻。在平时排练过程中,礼仪助手都不会使用正式的会旗。所以当徐菡在现场接过旗子之后,"整个人都愣了一下,没想到它那么重"。

"但是随着仪式的进行,淡定和自豪逐渐代替了紧张感,尤其是看到国旗在场馆中央升起时。最终在雅加达体育馆中看到正式演出的时候,我们拿着会旗和火炬走下舞台,杭州八分钟的音乐就在我们身后响起。"她们在细细的雨点中看完了整场杭州八分钟文艺演出,直到杭州亚运会的会徽映射在屏幕上,意味着亚运会进入杭州时间。"那一瞬间百感交集。"徐菡回忆道。

"其实很感谢学校关于'美'的教育,特别是在学校礼仪队和啦啦操队的经历,让我能够迅速适应,并且处变不惊。"徐菡说。徐菡在啦啦操队的指导老师郭虹就曾表示,浙大学子身上体现的"美",不仅包括外在美,更重要的是"做人做事真诚、对底层人物有态度","我觉得徐菡身上能够很好地体现这一点"。徐菡也一直将郭虹老师的教导铭记于心:"郭老师一直教我们,有聪慧品质,内心善良,独立正直,这才是真的美。"

"参加面试选拔其实是一个非常偶然的机遇。由于忙于实习,一直犹豫着没有报名,但蔡荃老师说的'比起职业要更关注事业'这句话触动了我,促使我最终下定决心。即使这段经历过去 2 年了我还是时常会想起。这次亚运会闭幕式给我带来了很多历练,也给了我不同的视角来观察这次盛会,希望能在这段经历的引领下,成为一个大格局、有视野的人。"徐菡如是说道。

原文字作者:浙江大学微信公众号　周亦颖
人物稿修订:李若楠(整合删改,补充采访)

岳铂雄：马兰花开，
在话剧中体验百态人生

■ 人物名片

  岳铂雄，浙江大学电气工程学院电气工程及其自动化专业2014级本科生、浙江大学电气工程学院电力经济专业2019级硕士生，浙江大学第二十届研究生支教团湄潭分团成员，浙江大学文琴艺术总团黑白剧社骨干队员，曾出演由中国科学技术协会发起的"共和国的脊梁——科学大师名校宣传工程"汇演话剧《求是魂》，以及浙江大学原创话剧《速写林俊德》。

  "何其有幸，在我生命中，我试着走近你，了解你，还原你。我知道，英雄不在，也知道我多有不足很难完整还原。但战士的告别，不必伤感，马兰之花会永远盛放。谢谢您！我们会努力解好这道题。"从《速写林俊德》的话剧舞台上走下，作为主演的岳铂雄在朋友圈如是写道。这场话剧看哭了很多观众，甚至有很多人私信岳铂雄，感谢他呈现了一个如此真实可感的林俊德。而这一切，还要从岳铂雄加入黑白剧社说起。

人物还原，血肉情真

  高中时期的岳铂雄就已经对话剧产生了浓厚的兴趣，参加了不少的话剧表演，因此刚进入大学的他一心想加入一个更加专业的社团，渴望拥有更多机会参与话剧演出，收获更多有趣的经历与体验。浙江大学黑白剧社是享誉全国的优秀学生自主组织，为戏剧表演提供了广阔天地，营造了良好的校园戏剧氛围。于是，他选择了黑白剧社，开启了他在大学的演艺生涯。

2019 年初，为了纪念 1960 届浙大校友林俊德院士，弘扬林俊德院士以智许国、至死攻坚的精神品质，浙江大学马兰工作室与浙江大学文琴艺术团黑白剧社准备联合推出 2019 年度原创话剧《速写林俊德》。几年前，岳铂雄观看了《感动中国》节目对林俊德院士光辉事迹的报告后，林院士光辉的形象便深深地印在了他的心中。当参演《速写林俊德》的机会降临在他面前时，岳铂雄毫不犹豫，立刻报名。

由于气质、形象等各方面比较吻合，加之内心对出演林院士的渴望，岳铂雄十分荣幸地当选主演。从一开始在《感动中国》的节目中，看到林院士工作直到生命最后一刻的事迹，倍感钦佩；到讨论剧本过程中，了解到林院士一心投身国防却缺席了子女的成长，有一丝不解；再到回顾林院士的一生，逐渐理解了他们这一代人的成长与国家命运之间的联系，对他何以做出这样的抉择有了更深的理解——他不是不爱自己的家庭，不爱身边的人，只是如他妻子所说，他的心已经被国家装满了……几个月以来，岳铂雄反复打磨角色，一丝不苟，也重新走近了这位伟大的院士。

岳铂雄《速写林俊德》剧照

除了扮演林俊德院士，岳铂雄还在《求是魂》中扮演过另一位浙大校友李政道。为了还原青年时期的李政道，准确地表现出人物的性格特点与行为习惯，呈现浙大西迁中李政道所体现的精神，在没有相关影视资料，只有较少人物事迹记载的情况下，岳铂雄查阅了大量资料，甚至亲自走访湄潭当地的老人，深入了解李政道在各个年代的特点。

对于刻画"伟人"的形象，岳铂雄有自己的见解："很多时候我们去强调一些丰功伟绩，却往往忽略了每个人物内心的纠结。他们最终做出超乎常人的选择，更多是因为想到了其他人所没有想到的角度,意识到有更重要的事情值得去做。所以,相比于把'伟人们'塑造成一个模范,我们更希望去还原他们作为一个人的复杂情感,包裹他们取舍的过程和留下的遗憾。"

话剧推广,走向远方

鲁迅先生说,"无穷的远方,无数的人们,都与我有关"。本科四年,岳铂雄从未缺席每年《求是魂》的演出。在一次次重温浙大办学的历史和渊源的过程中,他一次次被湄潭办学时期当地人与浙大的情谊所打动。本科毕业之后,演了这么多场"湄潭崛起"的他,毅然决然地前往贵州湄潭支教。

在支教工作中,他接触到很多缺乏自信的留守儿童,看到了象牙塔之外更为广阔的现实。这些所见所闻,让岳铂雄更深入地理解了教育的真正意义,也更明白付出比许诺更重要。

岳铂雄生活照

凭借在黑白剧社的经验,岳铂雄开设了话剧工作坊,带初中的小朋友们体验话剧,做一些关于话剧的小游戏,让他们更勇敢地去表达自己、关注自己,培养他们的自信心与表达能力。他还组织了许多观影课,在网上寻找话剧资源给小朋友们播放欣赏。学期的最后，在校庆晚会上，他带着学生们进行了一场"精美"的话剧表演——他们准备了服装、道具，甚至音乐，上演了他们熟知的木兰诗。尽管很多人的普通话还带有贵州话的痕迹，尽管一些学生还是会忍不住笑场，"但最重要的是孩子们变得越来越自信，越来越乐于表达"。

为了进一步推广话剧，在自媒体平台上，作为粉丝数超9万的博主，岳铂雄也会发布一些话剧相关的分享，诸如杭州当地剧院的演出、优秀话剧的观后感等。第一期的视频中，岳铂雄就分享了田沁鑫导演执导的《青蛇》，以现代视角解构情欲爱恨，收获到了许多网友的评论与点赞。

话剧人生，漫漫征程

多年来的话剧演出教会了岳铂雄许许多多人生道理，丰富了他的人生阅历。

林俊德的故事让他重新审视了个体与社会、与国家之间的关系。"在我们现在所处的时代，或许大家会更强调自我，但有时候我们不妨跳脱出来，去想一想我们和这个社会、这个国家之间的联结。虽然这话听起来有点空洞，但每个人的命运和国家、社会的命运始终是分不开的。当我们多想一下能为别人做点什么的时候，可能会收获更多的对自身价值的认同和肯定。"

扮演李政道的经历让他了解到那个年代的人们最纯粹的"求是精神"。"虽然客观条件非常的艰苦，但是大家仍然没有舍弃求知求学的欲望，反而更加坚定对知识的渴求，而正是在当时的那个年代中才创造出了巨大的成就。正如李政道先生，在明确自己感兴趣并擅长的领域后，果断地转到了物理系，事实证明他在这个领域的确做出了丰功伟绩。所以现在的我们也应该好好思考，在物欲横流的社会，繁多的选择面前，如何静下心来做出忠于内心的选择。"

在扮演不同人物的过程中，他体悟到要常怀同理心，跳脱出自己，站在别人的角度上去考量问题。在与对手搭戏时，他明白要时刻关心身边的人、学会聆听。"因为话剧其实不是一门表演的艺术，它是一门给予的艺术，是演员对手之间互相的信息的传递，甚至是观众和演员之间信息的传递。因此话剧演员要无时无刻不保持聆听的状态，才能做出反应，进行下一步的选择。"

怀抱着对话剧的热爱和热情，他一路向前，体验着百态的人生，以博大的胸襟去拥抱这个世界。

原文字作者：浙江大学青年新媒体中心　金禧、何诗琳
人物稿修订：赵若轩（根据原稿删改）

周欣吾桐：越剧小生，在戏曲中诗意地栖居

■ 班级名片

　　周欣吾桐，浙江大学经济学院金融学专业 2016 级本科生，浙江大学学生越剧社成员，曾在越剧社年度大戏《陆游与唐琬》中饰演男主角陆游，在越剧社受邀参加的中国教育电视台《戏聚校园》栏目中出演《梁祝·十八相送》梁山伯一角。

　　"第一条，安心在家不约饭；第二条，早起早睡把书读；第三条，勤洗手多锻炼；第四条，每日打卡莫忘掉；第五条，出门口罩要戴好；第六条，王者荣耀夜少熬；但愿春暖花开时，你我杭城来聚首。朋友啊，相信祖国相信党，共渡难关把病魔扫。"

　　居家期间，在学院"云抗疫"相关活动中，周欣吾桐从越剧传统戏《何文秀》选段《桑园访妻》中获得灵感，将原曲中朗朗上口的几句"报菜名"改编成"防疫警示"六条。而周欣吾桐与越剧的不解之缘，在求是园中"木欣欣以向荣"的成长故事，一如越剧一般清悠婉丽。

结缘越剧，是羁绊亦是热爱

　　小学就读于温州市少年艺术学校的周欣吾桐自小便学习了一些儿童戏歌，如《花木兰》《说唱脸谱》等。小学时她的歌唱老师是京剧出身，因此会为孩子们讲解一些戏曲的表演、身段，周欣吾桐与戏曲的不解之缘便从那时开始慢慢发芽。

　　进入大学之后，她在越剧社与戏曲再续前缘。大三之前，她就看过越剧社的年度大戏《梁祝》，早已心向往之。等到大三学业压力变小后，她马上报名加入了

越剧社。刚刚入社时,她只会哼"天上掉下个林妹妹",对越剧的唱腔咬字一无所知,对于流派的传承更是知之甚少。为了更加了解越剧,周欣吾桐会在课余时间反复观看名家唱段,学那悠扬婉转的唱腔,学那一颦一笑间的韵味。

越剧的咬字对于周欣吾桐来说是个不小的挑战,以嵊州方言演唱的唱词让来自温州的她难以适应。为了让自己的念白少一点"温州腔",她经常拉着绍兴的同学帮她一字一句矫正咬字。唱念做打持续深耕,逐一突破,这才有了最后舞台上那个顾盼神飞、深情款款的她。

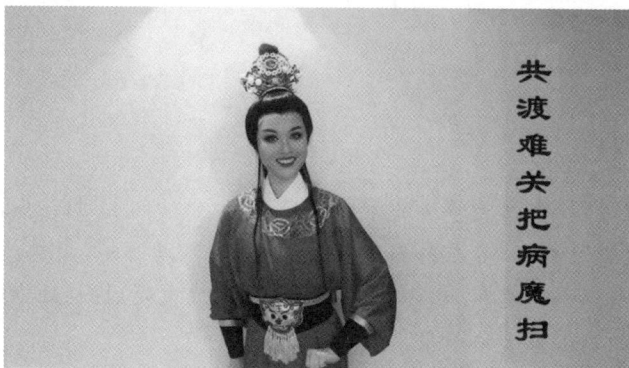

周欣吾桐"防疫警示"六条截图

由于身高较高,音域也比较适合小生,周欣吾桐学习的主要是尹派小生的唱段。在她看来,越剧的传承主要在于流派的传承,尹派小生胜在婉转温柔,以柔克刚,她也会在表演中着重突出尹派的特色。同时,在表演前,她需要花费大量时间揣摩研究人物特点。在出演《西厢记·请宴》的男主角张生时,她用了许多精力来琢磨张生的性格。戏曲中,张生风流倜傥却又发乎情止乎礼,这让她必须仔细研究张生的每一个动词,以此来演绎人物特性。这样走进一个人物,了解、深入另一个人的人生,与她而言是独一无二有趣的体验。

陆唐之间,是挑战也是责任

2019年5月,浙江大学学生越剧社的年度大戏全本《陆游与唐琬》一经演出便引起热烈反响,周欣吾桐在其中饰男主角陆游。为诠释好这一角色,当时入社尚未满一年便身挑大梁的周欣吾桐不断请教经验丰富的老社员,在念白上写满密密麻麻的标注,仔细揣摩角色的心境与气质。在《陆游与唐琬》中,"陆游"需要表演一大段爽朗的、正气十足的笑声"哈哈哈~哈哈哈哈~"。为将爱国诗人的气魄更好地予以呈现,周欣吾桐常在往返教室的路上练习这段颇具挑战的"笑",她打趣道:"好几次我都把身边的同学给吓到了,收获了许多诡异的眼神。"更有意思的是,她在练唱的时候遇见了同样喜欢唱戏的宿管阿姨,有时,她们会一起在楼下唱一段,解解戏馋。

在绚烂的舞台背后,怀揣着对越剧的热爱,周欣吾桐日复一日地努力和付出着。尽管面临缺乏经费、场地、专业指导老师等现实困难,她和越剧社同学们依然乐此不疲,常在月牙楼的小角落里排练。周欣吾桐出演的大戏全本《陆游与唐琬》大获成功,而浙江大学学生越剧社也成为全国第一家演出整本《陆游与唐琬》的高校戏曲社团。这既是对台前幕后几十位同学辛勤努力的肯定,也是他们坚持前进的动力。和越剧社中的其他同学一样,周欣吾桐希望能把爱"越"之心传递到校园中,让更多的年轻人爱上越剧,让传统戏曲文化在浙大活起来。

2019 年 5 月周欣吾桐在《陆游与唐琬》中出演陆游剧照

2019 年 11 月,越剧社受邀参加中国教育电视台《戏聚校园》栏目,一曲经典的《梁祝·十八相送》将越剧的唯美典雅展现得淋漓尽致,普通高校学生的表演水准以及对越剧文化的热爱与用心也让众多戏迷慨叹不已。在扮演梁山伯一角的周欣吾桐看来,通过自己的演绎让更多人了解越剧艺术的魅力和传统文化的风采,这是荣幸,也是责任。

听戏、学戏、唱戏、演戏,戏曲早已成为周欣吾桐生活中不可缺少的一部分。越剧涵养了她温润的气质,教会她"诗意地栖居",是她生命里最美好的邂逅与缘分。

现在,周欣吾桐在北京大学读研究生。在那里,她会继续在戏曲的道路上前行,"将一切美好的事物坚持到底,求是创新,踏实远行"。

文字记者:浙江大学微讯社　俞纯彦

图片来源:由受访者本人提供

人物稿修订:赵静(补充采访,整合删改)

朱科祺：去登顶，去闪耀

人物名片

朱科祺，浙江大学竺可桢学院 2019 级本科生，就读于混合 1901 班，机械工程专业。在 2020—2021 年江苏卫视《最强大脑》节目中，他作为该季唯一参与录制的浙大学生，在第二至第六期节目中均稳坐天梯榜第一。在第二期节目中，他凭借"时光刺客"项目首次夺得脑力榜第一；在随后的第四期节目中，他又抢先完成"点线之谜"项目，力压群雄，再次稳坐榜首。

为己而来，为校争光

朱科祺从小憧憬着《最强大脑》节目的舞台，也有着挑战自我的强烈兴趣。在前几季节目播出时，还是小小少年的他一直觉得《最强大脑》遥不可及，但也会跟着节目尝试完成其中的题目。后来，他渐渐发现，节目中涉及速算、记忆、魔方之类的项目，没有相应的积累与训练很难完成；而对于节目中考验观察力和空间想象能力的项目，自己其实也有一战之力。但高中时忙于升学，他便只能将参赛的愿望暂时埋入心底。进入大学后的第一年，朱科祺就迫不及待地报名参加了节目海选，然而却遗憾止步于复赛。大二时，他毫不犹豫地再次报名，终于成功获得参赛资格，成为唯一一位参加该季《最强大脑》的浙大学生。

在个人兴趣之外，朱科祺在参加节目后也暗暗定下了为校争光的目标。起初，他只是非常兴奋能有机会来到如此宽广的舞台，赛前并没有特地做太多准备，也抱着随遇而安的心态。但随着比赛的正式开始，他意识到与自己同台竞技

朱科祺个人照片

的有清华、北大、复旦的学子，于是暗自决定，要为浙大人争口气。"我并没有特别要去争强好胜，但就是不想输，至少不能落到末尾。"

定下"为浙大争光"的目标后，朱科祺压力倍增：一方面，希望自己能尽情享受这个舞台，这是一次难得的机会；另一方面，心里暗自期许着要替浙大打出名声。朱科祺将这一切埋在心里，平静地走上舞台。

全力拼搏，不输于人

在第一个项目"玲珑拼图"的比拼中，朱科祺对自己的发挥并不满意：88 名参赛者中，他只拿到了第 60 名。按照得分规则，第一名得 100 分，积分依次递减 1 分，他只拿了 41 分。由于缺少现场比赛与录制经验，他在舞台首赛中一直无法集中精力，最终在解题过程中发挥失常。"当时我一直在胡思乱想，就怕自己成为最后一名。"朱科祺回忆说，"做完题的人注视的目光与不断的播报声也带来了不小的压力。压力真的是最影响节目现场发挥的因素之一。"

经过朋友的劝解与自身的调整，朱科祺很快冷静下来。此时，比赛也迎来了首个排名关键点——"时光刺客"项目。选手需现场观察并记忆 100 块闪光的时光谜盘，并根据目标时钟图形，从这些乱序散布的谜盘中找出 3 块，使其经过翻转、旋转、重叠，恰好能形成目标图形。这对选手的观察力、记忆力都是极大的考验：如何在准确观察与记忆的同时对谜盘盘面上的信息点进行判断，迅速排除无效信息点，从设置的众多干扰项中寻找正确答案。

朱科祺在《最强大脑》第五期"光点数图"比赛现场

考虑到前一个项目的失利，朱科祺抱着奋力一搏的心态毅然选择按下"天梯风暴"按钮，加入"抢六"之战。这代表着他如果取得前六的成绩，在获得该项目分数之外，还能额外获得项目得分的 50%，否则将扣掉 50%。"这有点置之死地而后生的味道，"朱科祺谈道，"知道规则的瞬间肯定是紧张的，但并没有影响我的决策和解题，按下按钮之后，我就完全专注于项目本身了，也就觉得压力没那么大了。"

最后，朱科祺用时 5 分 21 秒 03 轻松完成项目，一举成为总榜排名第一。他在节目中话不多，但偶尔的一句话总能点燃浙大人对学校深深的自豪感。"第一场比赛下来，因为成绩并不理想，我都不敢说自己是浙大的，直到在这次项目后拿到了总榜第一位，我觉得也算是圆了为浙大争光的小梦想。"他在赢得"时光刺客"项目之后笑道。

步步为营，稳中求胜

一举斩获天梯总榜第一后，朱科祺并没有过分自满与松懈，而是全身心投入到接下来的项目当中，充分发挥个人的优势与水平。在随后的 1 对 1 天梯攻守战中，排名前六的选手需要选择作为攻方还是守方出战，而攻方与守方的项目分别侧重考察不同的能力，得分规则也有所不同。朱科祺果断选择了与他能力更为契合的守方项目"点线之谜"。

在该项目中,选手需要观察若干个运动的光点(其运动轨迹相互交错),在其中确定三枚指定光点的运动轨迹,排除其他运动光点的干扰,在脑海中想象出对应的轨迹图形。在此基础上构建出其三维结构,再与场上的多个线阵模型进行对照,从而确定答案。凭借着强大的观察力和空间想象力,朱科祺仅用时 7 分 57 秒 44 就在众多干扰项中迅速找出了正确答案,以 3∶0 的压倒性优势取得了比赛的胜利,成为该期唯一守擂成功的选手。他也凭借这一项目再次稳坐天梯榜第一。

对此,朱科祺调侃说自己是"占了专业上的便宜"。"我们机械工程专业方向的学生本来就对图形和轨迹比较敏感,而在工程图学的课程中又早已和三视图'打成一片'了,所以这个项目对我来说难度其实并不是太高。"他谈道。赛后,场上其他优秀选手也调侃他:"朱科祺只有两个技能,一个是观察力的项目绝不会输,另一个是把所有项目都变成观察力的项目。"

一次次答题正确,一次次于稳中求胜,朱科祺成功让浙江大学在《最强大脑》舞台上留下了精彩一笔。"听到也有选手说,'浙大竺可桢学院不是盖的',我其实也在心里悄悄高兴,觉得自己能为浙大、为竺院赢来赞许,是非常值得骄傲的事",恰同学少年,他努力为浙大争光的样子,是青春耀眼的模样。

脑力比赛虽然告一段落,但朱科祺依然在探索的路上前行。在《最强大脑》的舞台上发光发热,不过是他漫长旅程中的一段剪影,他将继续去登顶,去闪耀。而这不仅需要独特的见解和能力,更需要迈步尝试的勇气与不懈坚持的恒心。正如朱科祺的座右铭,"every step counts",漫长的旅途中,每一步都算数。

原文字记者:浙江大学融媒体中心学生记者团　彭静怡、傅航颖

"浙大竺院人"公众号　李卓毅、潘逸宸、范恒

部分内容源自《钱江晚报》

人物稿修订:全可颖(根据原稿删改)

赵文轩：一腔热血，守护生命的灿烂

■ 人物名片

　　赵文轩，浙江大学医学院临床医学（"5＋3"一体化培养）专业2018级本科生。曾任浙江大学红十字会学生分会副会长兼团支部书记。2019年5月经过培训通过考核成为中国红十字救护员。曾获得中国红十字志愿服务四星奖章、浙江大学优秀团干部、浙江大学医学院十佳大学生等荣誉称号，2021年荣获"浙江省红十字工作成绩突出个人"荣誉称号。

　　铃响——两声"叮咚"，神秘代码"999"传遍整个浙二医院解放路院区，接着上演的是一场与心跳赛跑的生死速递。那时，一位年轻的见习医生恰巧在病人所在那层楼，他跑到事发地点，作为第一批赶到现场的医护人员，投入到了这场与死神的赛跑当中。

　　一边是如攫取心肺般的紧迫感，一边是悬在生死之崖上的病人，一个小时的抢救，对这个年轻的医学生而言，简直如同一个世纪般漫长。好在几轮按压过后，病人恢复了心跳。他感到一种不可名状的喜悦浸透着心底，露出了满意且释然的微笑。

　　这个笑容，正属于浙江大学医学院2018级临床医学专业本科生赵文轩。

一往情深显初心

　　作为浙江大学红十字会应急救护志愿服务队队员，赵文轩自2019年便开始参加校运会、耐克高校国际马拉松等大型体育赛事的医疗志愿保障工作。同时，他也积极参与为浙大新宇、杭州翠苑工疗站、浙大公体部、浙江大学团委等单位进行的应急救护培训辅助工作和浙江大学军训的战地救护培训演练展示。自2019年以来,赵文轩累计进行了10余场大型体育赛事的医疗保障工作和近20场对外急救普及培训,培训人数超过7000人次。

2020年9月,浙江大学红十字会应急救护志愿服务队正式建立,他担任浙江大学红十字会应急救护志愿服务队首任指导员,参与到了学校应急救护培训基地和校园应急救护体系的建设工作当中。2021年5月,他和4名队员一起代表浙江大学参加了"救援先锋、救护同行"第四届浙江省红十字应急救护大赛,获得个人技能操作优秀奖和团体优秀奖。除此之外,赵文轩还参与到助老助残公益活动和家乡疫情防控志愿者工作中,累计志愿服务1000余小时,被评为浙江省红十字四星级志愿者。

赵文轩(右一)参加"救援先锋、救护同行"第四届浙江省红十字应急救护大赛

作为一名临床医学专业学生,赵文轩的学医之路并非偶然,得益于母校阳泉一中素质教育的办学理念,赵文轩很早就对公益活动产生了浓厚的兴趣和深切的向往,积极参加校外的公益服务,加之对生物和化学这两门学科的深切热爱以及老师的鼓励和帮助,他秉持着救死扶伤的信念,坚定地踏上了漫漫医途。

怀揣参与公益活动的初心,赵文轩大一刚入学就加入了浙江大学红十字会学生分会。初识红十字会和他所在的部门急救培训与推广中心,他欣喜地发现,红会是一个和自己的临床医学专业密切相关的社团。"应急救护的职能与医生救死扶伤的职责是贯通的,在急救培训与推广中心学到的知识,能够作为储备,在将来更好地帮助他人。"

一根"红"线系丹心

在红会期间，他从学习专业的急救知识，再到成为救护员队伍的一员，最终为此付出心血，推动浙大应急救护体系的逐步建立。一步步走来，这根由"红会"抽剥出的情结之线，紧紧地缠绕着赵文轩的一片丹心。

学校红十字会的职能可简单概括为"三救三献"，而应急救援、应急救护是其中的重要部分，赵文轩主要从事的就是应急救护及其培训方面的志愿者活动。然而，即使全身心投入，赵文轩也发现，在实践活动中会遇到许多困难。

最大的困难就是如何把专业的急救知识以一种通俗易懂的方式传达给培训对象。因为他所面对的，不仅是一群接受过良好教育的大学生，还有包括老年人、残疾人等在内的广大社会群体。其次，便是在整个推广的过程中，很难对培训对象进行再培训和巩固。为了解决这些困难，赵文轩采取了校内和校外两种不同的培训模式：对校外人士，他更加注重技能而非单纯的理论培训；而对于浙大的师生，他则选择理论与实践技能并重的培训模式。

在校园应急救护体系的建设方面，从基地选址，到物资投入，再到专业队伍打造以及最终整个急救流程的确立，赵文轩在参与的过程中获得了很多思考。"在这个体系的建设当中，我体会到各部门之间的沟通协调非常重要，"当谈到对校园急救体系建设的感想，赵文轩眼里闪着光，无意间流露出了欣慰的微笑，"其次是对专业化发展的探索和尝试，让我真切感受到学校红十字会的不断成长。"

赵文轩担任"记疫——浙江大学抗击新冠肺炎疫情主题展"宣讲员

而当提及对浙大校园急救体系未来的发展,赵文轩的希望是,通过提升应急救护培训率,实现"浙大人人会急救"的愿景。

医学背景是底色,"红会"经历为亮色。赵文轩坚持认为,参加红十字会和学医两者是相辅相成的。在红十字会,赵文轩掌握了CPR、简单的创伤救护的包扎等技能,知晓在不同情况下如何去运用,缓解了他在学医初期理论和实践双匮乏的窘境。而等他具备一定的医学理论素养后,就能依据专业知识助力相关志愿活动顺利开展,提升社团服务的水平。当赵文轩了解到中国很多地区,包括杭州的血液供应紧张,他就为此积极献血。如今共计献血8次,总献血量达2400mL。

一生扶患守恒心

如今赵文轩在华家池校区继续他的学业,并且参加了临床的见习工作,离开了红会社团。虽然久驻华家池,但是他依然积极参与各校区应急救护培训工作的开展,并继续保持献血以及造血干细胞的捐献。他所在的党支部也正在积极推动医学生深入社区进行简单的应急救护培训。不论是他今后在临床的工作,还是所参与的公益活动,都与红十字会息息相关,在这条"救护"的道路上,他不曾离开。

谈到目前见习医生的身份和之前志愿经历的不同,赵文轩深有感触。如果说做公益和志愿活动靠的是一颗热忱之心,那么真正成为一名医生之后,救死扶伤就成为天职,认真地救治每一位患者成为一种义务和责任。"当你真正成为一名医生之后,路上有一个人倒下了,那么这时,你就有义务对他进行相应的检查和处理。"赵文轩这样说道。

"我的目标首先是要成为一名合格的医生。"他认为一名医生所面对的不仅仅是人的"病",更是病的"人",医生看病的核心是人,而不是病。因此,他希望在未来能够更多地去缓解人们的病痛,给病人以更温暖的关怀。

赵文轩已打算在工作后要专门拿出五年、十年甚至更长的时间,到新疆或者西藏进行对口的支援,真正地援助当地的基层医疗,关注当地百姓的健康问题,帮助缓解他们的疾病痛苦,为改善医疗资源分配不均的现状尽自己的一份力。

人物稿撰写:陈翰可、钱贝冉、魏桢麒(采访)

左诗语：乘光而来，舞语诗情

左诗语，浙江大学传媒与国际文化学院广告学专业 2016 级本科生。曾参与 G20 演出，并获得"浙江省杭州 G20 峰会工作先进个人"称号。曾多次获得浙江省大学生艺术节舞蹈（甲组）一等奖，获全国第五届大学生艺术展演活动舞蹈（甲组）二等奖，并于 2018 年任文琴舞团团长，带领文琴舞团高水平完成多场演出。

从伴着音乐手舞足蹈的婴儿，到如今亭亭玉立的少女，二十多年以来，舞蹈一直是左诗语心中不变的光。她乘光而来，又在浙江大学继续书写她的舞语诗情。

因为热爱，义无反顾

和他人在兜兜转转之中寻觅热爱不同，左诗语打小就对跳舞有着"自来熟"的迷恋。牙牙学语时，她伴着音乐手舞足蹈；幼儿园时，她初次接触到民族舞；上初中后，在妈妈的建议下转向拉丁舞领域。

初中毕业，她面临着是否报名艺术特长生的纠结。走舞蹈特长生这条路，意味着她将拥有一块进入更好的高校的敲门砖，但也意味着她要重拾多年不练却对软开度要求极高的民族舞。由于她本身韧带较硬且年龄偏大，重新压软开度需要承受旁人难以想象的身体痛苦。

为了保证基本功，她在校外单独找老师上小课，专门压软开度。在开始时，她经常边哭边压，在回校的路上经常因为疲惫不知不觉地睡着，醒来之后腿疼得无法动弹。

在哭泣时，在疼痛时，她也曾想过放弃。她说："我每次坐车去上课的路上，我都很想下车。每次上课都要做一些心理建设，我会站在跳舞教室的楼下，站很久，就是要做好心理准备。"但她明白，舞蹈这份热爱就是需要对自己"狠"得下心来。舞台上三五分钟的光芒万丈需要平日里百遍千遍的狠心磨炼。她坚持了下来。

由于学业的繁重压力，她常常抓紧一切能够利用的时间加班加点地练习。例如放学后的饭点，她都会自己找一个空教室，一直压腿压到第一节晚自习开始之后。结束了一天的学习，别的同学在寝室休息、看书的时候，她总是在瑜伽垫上继续压腿。

毫无疑问，这份义无反顾的努力和无需犹疑的坚持背后，是她对于舞蹈最为纯粹的热爱。功夫不负有心人，左诗语于 2016 年以艺术特长生的身份考入浙江大学，加入文琴舞团，在浙江大学继续书写她的舞语诗情。

舞语诗情，光彩耀眼

左诗语在浙江大学的舞语诗情从排练 G20 峰会的开场表演开始。

"台上一分钟，台下十年功。"属于文琴舞团的开场表演仅有 5 分钟，但她们却为这场表演准备了整整一个月，在练功房挥洒了数不尽的汗水。表演不能容许任何失误与差错，她们必须提前一个月来到浙江大学开始封闭式训练。当时的左诗语刚刚高中毕业，本来正在享受暑假时光，而参与 G20 峰会的开场表演让她原本轻松的生活一下子变得有压力了。她和其他一众舞伴早上 9 点赶到练功房，开始一天紧迫的练习。她说："我看着镜子中的自己不停歇地跳着，也看见日子从阳光灿烂到满天星辰。"一直到晚上 9 点，她们一整天的训练才结束，高压的训练让她们总是相互搀扶着、相互鼓励着往回走。

对于左诗语而言，这是一次新奇且难忘的经历。G20 峰会的开场表演是面向国际的，层次很高。这次的前期准备更加的充足和专业。她们在浙江大学紫金港校区的小剧场封闭式排练一个月，全程没有电子产品伴身，有的只是一遍又一遍的练习和揪细节。一个简单的动作，例如抬腿，舞蹈老师也会要求把力度贯到脚尖，把整个腿绷住，不能有任何一点细节上的松懈。这也是左诗语第一次在大导演的指导下排练，她第一次发现排一个 5 分钟的节目是需要等待几个小时的。

努力终有回报，她们在杭州 G20 峰会上精彩亮相，左诗语也获得"浙江省杭

左诗语在体育馆参加放飞梦想青春歌会

州 G20 峰会工作先进个人"荣誉称号。参演 G20 峰会对于任何一个人而言都是莫大的荣誉。对于左诗语而言,这是荣誉,也是她在浙江大学舞语诗情的开篇,精彩仍在书写。

她分别在 2017 年 2 月、10 月,代表文琴舞团参加浙江大学赴西澳大利亚和美国的交流演出,为外国友人表演中国舞蹈。每次演出前她们的准备时间都不长,大概一两个星期就需要准备一个完整的演出,但她们每次都能保证完成度与质量。她们在台上轻盈地侧腰、拂袖,向外国友人展现了中国舞蹈的柔美与古韵,积极向外输出中国文化。

担任团长,勇挑重担

于 2018 年担任文琴舞团团长的经历是左诗语的故事里最为浓墨重彩的一笔。作为校级艺术类团体,文琴舞团每年有着不下 30 场大大小小的演出和比赛,要保证每一场演出的高水平、高质量,团长肩上的担子不容小觑。从节目的编排、人员的确定到服装道具的购买、演出流程的沟通,桩桩件件都需要团长事无巨细的参与。

然而,左诗语却总能以轻松的心态、超常的领导能力和超强的洞察力妥帖地打点好一切。面对桩桩件件的琐事,她从不抱怨,而是以轻松积极的心态实实在在地做事,她能感受到团员为她分担的体贴。当被问及担任舞团团长会不会很辛苦时,她毫不犹豫地回答:"我从来没有觉得担任团长是一件辛苦的事情,舞团

左诗语生活照

的每个人都非常好相处,让琐事变得对我来说轻松而快乐。"

领导舞团并非易事,一方面要充当老师和团员之间沟通的桥梁,及时把团员的想法反馈给老师,把老师布置的任务合理地分配下去;另一方面,要始终抱着服务大家的想法和奉献精神,用自己的力量为大家做更多的事。左诗语运用她超常的领导能力带领大家完成了多场演出。

一些容易被忽略的细节,她也能细心地处理好,比如参加新年狂欢夜的演出时,面对室外极度寒冷的天气,她会提前替整个团准备好大半个行李箱的暖宝宝。

对她而言,舞团不仅是一个为热爱挥洒汗水的地方,更是一个有归属感、有温情的家。她说:"大家每天吃在一起,睡在一起,玩在一起,都是一群喜欢跳舞的人,大家一起热,一起累,一起辛苦,一起开心,这本身就是一段很特别的经历。"

原文字作者:浙江大学文琴舞团　宋嘉
人物稿修订:莫欣澜(根据原稿删改)

第四章　知行合一

"道虽迩,不行不至;事虽小,不为不成",踏实笃行一向是浙大青年坚定的信念。他们脚踏大地,向着太阳不断前行,为祖国乃至世界的发展贡献自己的力量,扎扎实实地做一些事情,是知行合一、修身立节的求是青年。

戴佳成远赴西藏那曲,用实际行动践行着服务西部的理想;程丙用心钻研马克思主义,探寻"马克思主义"中国化的方案;刘佳玮主动申请到西藏边防,用"清澈的爱"守卫祖国寸寸山河;孟详东穿上红马甲,帮助浙大学子奔赴祖国基层;汪鑫亲历脱贫攻坚战,用思政微课传递总书记嘱托;章成之扎根苗乡支教,向浙江省青年学生发出"到西部去"的倡议;研究生支教团接力二十余载,用青春照亮乡村教室……

所谓"修身、齐家、治国、平天下",他们将所学知识运用到实践中去,为实现中华民族伟大复兴梦奉献自己的一份力量。知者行之始,行者知之成。那一份家国情怀,浙大人始终牢记心中,倾注脚下。

安妮：我与中国的美丽邂逅

■ 人物名片

　　安妮，浙江大学国际教育学院人力资源管理专业 2017 级本科生，印度留学生，曾获 2018—2019 学年"留学基金委优秀来华留学生（本科生）奖学金"、2019—2020 学年"浙江大学优秀来华留学本科生奖学金"、2019 年 7 月，赴湄潭参加社会实践，其团队获浙江大学 2019 年暑期大学生社会实践十佳团队奖。其征文作品《我与中国的美丽邂逅》获 2019 年"第三届来华留学生征文比赛"全国二等奖，"我与中国的美丽邂逅"思政微课获浙江大学 2020 年思政微课大赛学生组决赛二等奖。

　　在 2020 年 6 月 15 日浙江大学思政微课大赛的决赛上，一位印度女生用《我与中国的美丽邂逅》将听众带入她的中国故事。"绍兴、杭州、湄潭，从东部到西部……这一次次与中国的美丽邂逅，让我深深地爱上了这个历史悠久又朝气蓬勃的国家。"她真诚地表达着自己对中国特殊的感情，这些情感背后的支撑就是一个个她与中国的故事。

绍兴：与中国的美好相遇

　　2007 年，懵懂年幼的安妮跟随家人，定居浙江绍兴。应有尽有的面料、川流不息的人潮，无不吸引着小小的安妮，历史悠久、风景优美、人才辈出、经济繁荣成了她对中国的第一印象。古城里江南风格的建筑和耳熟能详的历史文化故事伴随小小的安妮不断成长。

刚来异国他乡，安妮难免思乡情切，当被问及刚来绍兴时的感受，安妮诚恳地说道："虽然到中国后家里的饮食习惯并没有发生很大变化，但我会经常嘴馋一些在这买不到的家乡小零食。"但思乡之愁并没有一直笼罩着小安妮，所有体验对安妮来说都十分新奇，第一次在绍兴吃蛋炒饭和鸡蛋煎饼，第一次和朋友们去 K 歌，第一次看到雪就是那场 2008 年的大雪。美好奇妙的新经历一下子让安妮的生活变得丰富多彩起来，加上老师同学的关照，安妮马上融入了这个新环境。

美丽的城市不仅因为它宜人的景观而美丽，更因为它孕育着的可爱人们而美丽。绍兴给小安妮的归属感是她中国故事的美好开端。

杭州：与中国的美好相识

如果说安妮和中国的初遇是在她童年的居住地绍兴，那么她真正开始认识中国的地方是位于"人间天堂"杭州的浙江大学校园。在浙水之滨的求是园里，她开启了"诗和远方，论文和血气方刚"的大学生活。

除了日常的学习生活，浙江大学多样的课堂形式和丰富的活动比赛都让安妮感受到了这个校园、这座城市、这个国家的魅力。

国际茶叶斗茶比赛上，学习中国茶文化让安妮和中国的接触更进一步。因为拥有着外籍学生和参赛选手的双重身份，安妮在比赛中同时享受了准备比赛的紧张感和初学茶艺的新鲜感。"为了这次比赛，我们培训了 10 多天玻璃杯茶艺泡法。之前我喝茶都是很随意的，没有什么讲究。但是中国茶艺文化中，除了各种茶叶的口感差别，泡茶人的一举一动和周围环境也能影响到茶的汤色、香气和滋味，"安妮细数道，"比如茶艺表演中，清悠的传统音乐、适时精辟的茶艺解说这类有声语言与优雅、温柔的动作等无声语言要配合完美，才能形成动静和谐的审美意境。"安妮介绍了自己准备比赛时学到的一些泡茶技巧。泡茶前最重要的前提工作就是用少量热水轻轻淌洗茶杯，安妮称这是在培训泡西湖龙井茶时经过反复强调的要点："慢慢地摇动杯子让热水浸润到四处杯壁，不仅可以温暖原本冰凉的茶杯，还可以增加后面茶叶在水中的溶解度。"在观感追求上，安妮也毫不马虎，提壶、注水，每次冲泡的动作都有相应的要求，时而要潇洒快速，时而又要优雅缓慢，这样才能符合观众对茶艺的审美要求。

安妮参加国际茶叶斗茶比赛

除了成套的茶艺表演技巧，安妮还通过泡茶参透了这项文化现象和中华传统文化的联系："茶艺培训的屠幼英老师曾经给我们讲了一句话，'心中有茶才有艺，心中无茶何来艺'，这句话我至今印象深刻，因为它让我重新审视中国茶文化对国人意味着什么。茶艺不仅是一种中华传统文化的形式，更多人会把精神层面的价值赋予在它身上，也就是说它能体现中华文化形式和精神的相互统一。"

对安妮来说，博大精深的中国文化在杭州这座城市才逐渐揭开她的面纱，大学的平台让她得以从另一个角度了解这个他人眼中神秘的东方国度，解读她的第二故乡孕育的更深层的文化精粹。

湄潭：与中国的倾情相知

"从东部到西部，从历史古城到风景名胜，从历史文化故事到改革开放的变化……"在浙江大学 2020 年思政微课大赛学生组决赛上，安妮向评委和观众娓娓道来她和贵州湄潭的相知故事。

2019 年的夏天，安妮作为浙大首支国际学生赴贵州湄潭暑期社会实践团队的一员，踏上了去往一个只在校史中听说过的西部小城的道路。和中国东部城市的繁荣不同，湄潭质朴无华，静月悠然，给了安妮一种全新的体验。在暑期社会实践中，安妮和她的小组成员在偏岩塘村走访农户，和农民们聊天了解他们的农作生活。安妮了解到：二十多年前，偏岩塘生态环境失衡、生活环境糟糕，年轻人都外出务工，村里多是留守儿童和留守老人相依为命；现在随着经济的发展和乡村的开发，很多人选择回到家乡，还能有不错的收入。

浙江大学国际教育学院赴湄潭进行暑期
社会实践活动中安妮和湄潭孩子合影

除了实地考察湄潭的农村发展现状，安妮和其他的浙大留学生还带着一个特别任务——组织"老外陪你说英语"夏令营活动。他们和湄潭学子一一结对，全天候一起学习、一起调研，开展英文演讲培训和演讲比赛等形式多样的活动。"那个暑假和我的湄潭小朋友的情谊我会一直珍藏，他们的情感都很质朴，这是最打动我的一点，"安妮回忆道，"最后一天我们团队要离开的时候，和我结对的许萍萍同学过来和我道别。她眼睛里含着泪水，就拉着我的手和我说，她想上浙大，想和我在一个校园读书。我真的很感动，在这段短短时间内她能把我当成她的知心朋友，和我畅言她的生活、她的理想甚至她的烦恼。"那个暑假安妮不仅当了一次英语外教，更收获了一份真挚又宝贵的情感。

安妮说她的愿望是向世界讲述她所看到的中国，把在中国、在浙大的所见、所闻、所感告诉更多的人，做传播中国文化的使者。就像她说的那样，"安妮与中国邂逅的故事正在越来越精彩"。

人物稿撰写：陈灵莹（采访）

程丙：学马信马，学马行马，
马院学子的精彩青春

■ 人物名片

　　程丙，浙江大学马克思主义学院马克思主义中国化研究专业2018级博士研究生。曾发表浙大核心期刊论文5篇，主持浙江大学党建课题重点项目"五四青年先进性及其时代价值研究"，参与多项国家级科研项目。曾任浙江大学马克思主义学院团总支副书记、浙江大学马克思主义学院青年马克思主义研究会会长等职。

　　他探访基层，寻找改革开放四十年、建党百年的历史积淀，试图搭建知识与社会工作的连接桥梁；他学习马克思主义理论，争做青年力量的传递者，力图通过党课团课的方式，让更多学生感受到求是信仰的力量。

　　他是程丙，浙江大学马克思主义学院2018级博士生，一位不断追问青春初心的求是青年。

以哲为思，解析问题

　　作为一名专研马克思主义理论的学子，程丙尝试以唯物史观的思辨方法认识社会、解析问题。

　　以史为鉴，才能"鉴于往事以资于治道"。程丙的专业学习离不开党史、新中国史、改革开放史和社会主义发展史这"四史"。在学习"四史"过程中，他深知"没有调查就没有发言权"，历史不仅在书本上，更在亲历者的口中，在见证历史的土地上。

因此,程丙积极参与研学活动。在"时代变迁中的家与国——改革开放四十年的口述样本"调研活动中,程丙发现当地的一些基层干部,都是大学生村官。在交流中,有一位大学生村官提到,她也是从城市来的,一开始也很怕日晒雨淋,可是到现在参加工作已经两年多了。这两年里,她"变糙了",完全看不出娇气的样子。程丙很受触动。作为同龄人,这些青年群体将青春挥洒在基层的大地上,为乡村振兴和脱贫攻坚无悔地奉献着。

在实践学习的过程中,程丙思考着作为大学生的责任,也希望自己的研究可以应用于我们所处的新时代。何以为"新"? 程丙说,"新"是新旧的"新",新在尊重历史、学习历史、总结历史;"新"是创新的"新",新在与时俱进、积极变革、创新模式;"新"是新鲜的"新",新在青年引导、价值引领、知行互促。程丙希望自己能"将论文写在大地上"。结合新时代高校育人工作的新环境、新现象、新特征,他的头脑中燃起了思考"新时代高校育人话语青年化"的研究兴趣。一方面,通过理性分析"网红思政课"走红的现象,程丙提出从符号术语鲜活化、意义预设青春化和话语表达趣味化三重路向,建构新时代青年化育人话语的可能。另一方面,通过实证调查十余所高校共青团微信平台的"微"话语表达,程丙认为新时代高校"微"话语的优化,要坚持主流性、人本性和建构性原则。这些来源于校园"大地"的问题思考,让理论哲思不再是空中楼阁,而是转化为切实可行的行动。

社会责任,勇于承担

学习之余,程丙在学院也承担多项学生工作。在 2020 级研究生新生始业教育暨新老生交流分享会上,他围绕"两个原则、一个方法"分享自己博士阶段学习的经验和心得,并建议各位新生同学"丢下包袱、不忘初心"。针对新生同学的各类学习生活问题,他也耐心地一一解答。"担任学生工作职务的初衷,就是循着青年时代马克思关于职业选择的认识理路,根据'人类的幸福和自身的完美'的方针,奉献自我,提升自我,最终达到实现自我价值的目标。"

除了学生工作,程丙也不忘走出校园,在社会中学习,有意识地将理论学习与实地调研辩证统一起来。2018 年,他赴浙江大学研究生社会实践广西宜州基地锻炼,挂职于广西桂茂电力有限公司党群监察部。在实践中,他发现,国企的基层党组织工作开展得很鲜活生动,工人们参与的积极性非常高。"促生产和搞党建两手抓"等经验方法,让他备受启发:"对于我们高校学生的教育而言,也可以将学习与党建有机结合,提高学生的积极性。"

在挂职锻炼期间，程丙参观了浙大西迁广场，瞻仰了竺可桢老校长的雕像和浙大宜州办学的历史壁画。程丙体会到了革命年代里知识分子保家卫国的昂扬斗志，也更加意识到浙大被称作"东方剑桥"的背后，有多少的艰辛不易。同时，在与居民交流的过程中，他深深感受到当地人对于浙大的深厚情谊。

程丙在广西宜州实践基地锻炼期间参观浙大西迁广场，瞻仰雕像和壁画

通过挂职锻炼，程丙锻炼了能力，寻访了学校的西迁记忆，更感悟到了"求是精神"之于青年的本质即铭记青年的责任、使命与担当，实现"个人与自我""个人与他人""个人与集体"的三重蜕变。

走上讲台，榜样力量

作为学生党员，程丙育己，也育人。他充分发挥自己的带头作用，利用团课、党课等各类平台，将自己对马克思主义、对中国共产党的理解说给更多的大学生听，努力将信仰的火把传递到更多青年的手上。"青年只有筑牢青春之基，坚定理想信念，强化政党认同，校准青春航向，胸怀国家大事，在时代浪潮中找准定位，才能书写青春华章，理论外化为行，在奋斗中创新、创业、创优。"

在浙江大学"两学一做"微党课大赛上，程丙走上讲台，以关于中国共产党的公益短片《我是谁》为切入点，将信仰比喻为引路的灯塔，讲解了信仰是青年探求真理的动力，是青年投身革命的旗帜，是青年建设国家的指针，重申了青年信仰之永恒。"新一代求是青年在党史学习中不忘初心，在青春奋斗中坚定信仰，勇立时代潮头。"

程丙在浙江大学"两学一做"微党课大赛上作题为"信仰的力量"的微党课

他引用最近《人民日报》推出的建党百年主题视频《少年》来诠释自己对青年信仰的理解："信仰犹如一盏灯塔，指引着我们青年行动的风帆。它是五四时期进步青年探求真理的动力，是战乱年代革命青年投笔从戎的定力，是和平年代有为青年建设国家的毅力，更是新时代弄潮青年挥洒青春的活力。"

作为坚守初心、乐于奉献的求是青年，程丙用自己的行动，诠释了榜样的力量。今天，身处"百年未有之大变局"，我们青年学子更应心系时代，立于潮头，用信仰之光，照亮前行道路。

人物稿撰写：吴双（采访）

戴佳成：4500 米高原上的星星，"祖国的需要就是我的志愿"

■ 人物名片

　　戴佳成，浙江大学生物医学工程与仪器科学学院生物医学工程专业 2014 级本科生。毕业后奔赴西藏那曲，服务西部基层。现任那曲市巴青县发改委科员，致力于那曲市巴青县脱贫工作。

　　2018 年浙大本科生毕业典礼上，戴佳成作为本科毕业生代表自豪地向师长汇报，毕业后将奔赴神奇而遥远的西藏，扎根海拔 4500 米的那曲，以基层公务员的身份开启服务西部的理想。"去祖国最需要的地方，去做好基层工作，去更好地服务人民，祖国的需要就是我的志愿。"戴佳成用实际行动践行着服务西部的理想。

力排众难，毅然赴藏

　　西藏那曲，深远的星空俯瞰着茫茫雪域高原。距离那曲 3760 公里外的杭州，一位浙大青年踌躇满志，毅然决定奔赴那曲，实现服务西部的理想。

　　时间倒退回 2014 年的一个夜晚，紫金港的校园广播一遍又一遍播放着《夜空中最亮的星》，那时乐声便嵌入了戴佳成的心坎，"当时的我豪情满怀，梦想成为一位灿若星辰的浙大人。"梦想光芒万丈，现实却总是布满荆棘。和大多数同学一样，戴佳成也曾感到彷徨与迷茫："是求真学问还是刷高绩点，是主抓学业还是重在能力，是继续深造还是直接就业，是用理想锻造自我还是随波逐流于社会……"

一次与荣获竺可桢奖学金和十佳大学生荣誉称号的优秀学长的谈话，帮助戴佳成找到了人生的方向。"这位学长放弃了高薪，毅然选择奔赴西部，履行一名基层选调生的使命和担当。"榜样的出现，像夜空中重新升起的启明星，照亮了戴佳成前行的道路。

选择一条不寻常、不简单的路往往面临着更多的矛盾与纠结，也需要更大的勇气与决心。摆在面前的第一关是赴藏前严格的审查程序：推荐报名、资格审查、素质测评、体检、考察……每个环节要求都很高，尤其是体检。由于西藏自然环境比较特殊，赴藏工作对身体素质有着严苛的要求，顺利通过体检的戴佳成回忆起那段经历，也称那是"人生中最严格的一次体检"。

除了体检关，更难过的还是亲友关。得知戴佳成报考西藏专招生时，父母有很多反对的意见：担心身体难负，忧愁找不到对象，不舍得长久分开……即便这样，戴佳成赴藏的意愿还是十分强烈。为此，父母与他进行了多次长谈。"父母时而批评我，情绪激动非常；时而规劝我，心平气和万分。"但最终，父母还是阻挡不了他报效祖国的追求。"当时父母都不同意我（赴藏），觉得西藏条件比较苦，但我觉得，条件艰苦才有来这边的价值。而且，留在东部沿海地区的人才很多，西藏却有很大的空缺，两相对比，我觉得在西藏更能实现自我价值。"朋友中也不乏反对者："你为什么要去那种地方？"面对质疑，戴佳成却显得格外平静："我觉得这是一条非常与众不同的路，我就想走走看。赴藏的决心既然已经定下了，再苦再累再难都会走下去。"

不畏艰难，不忘初心

成为那曲市巴青县发改委的一名科员后，戴佳成主要负责"十四五"规划项目储备、政府投资项目手续审批、政府投资项目中期质量检查、单位财务和材料撰写。很多时候也会有紧急任务，加班是常有的事。

那曲的自然环境比较恶劣，没有阳光时很冷，有阳光时又热得不行，有时温差近二十度；每次下雪，目之所及都是刺眼的白色，必须戴墨镜，否则眼睛都睁不开；一有比较剧烈的运动，就会喘不过气来……除了自然环境的考验，当地的生活条件也比较艰苦，基础设施落后，没有自来水，暖气也只有部分地区有，"一到冬天，家里的水全都结冰了"。

纵使环境艰苦，戴佳成还是有一颗乐观的心。"赴藏前，我搜集过一些关于西藏的资料，再把实际情况往更差的方向设想了一下，自己就更容易接受。等到真正抵达那曲和巴青后，实际情况就没有想象的那么糟了。"环境可以慢慢适应，

工作会议中的戴佳成

但多年的饮食口味却很难改变。西藏靠近四川，深受川菜影响，饮食偏辛辣，各地的川菜馆也特别多，政府食堂也是川菜。时间久了，自小在杭州长大的戴佳成有些不习惯。"如果工作不是太忙，我还是喜欢自己做，吃清淡一些的。"在远离家乡的西藏，饮食习惯的差异，被他转化成亲手下厨的乐趣。

投身脱贫，奉献青春

脱贫一直是巴青县政府工作重点之一。在工作中，戴佳成会将巴青县和附近县做比较。看到巴青县的现状和脱贫的难处，他时常感到焦虑，在工作中，也会因与当地居民一些观念上的不同而烦恼。

这一切都是因为他希望充分发挥出自我应有的作用，更多地为当地服务。他努力向领导提出更加有效的方法，在切实可行的范围内借鉴学习东部地区的先进管理模式，为巴青县的转型提供一些思路。不同地区有不同的情况，"巴青县的脱贫攻坚战没有以往可提供参考的例子，更多的是在开辟一条新路。很难说我们开发的路子到底对不对，改变总要面对阻力，来自四面八方的阻力都加大了工作的难度"。

改变，首先要改路子。利用自己在大学中学到的知识、增长的见识，戴佳成为当地带来崭新的脱贫思路。"西藏这边地广人稀，不能像浙江那样到处发展产业。集中发展县城，打造旅游品牌，再辐射全县群众是更加有效的方式。"在这种扶贫思路的指导下,短短两年,巴青县县城的基础建设有了明显的好转。

扶贫先扶志,改变,更重在改思想。在对巴青县群众的走访调查中,戴佳成发现,以牧民为主的那曲藏族人民,自古以来就习惯了日出而作日落而息的放牧生活,自给自足,不太习惯走出门就业的新形式。针对这种情况,戴佳成深知,单纯的劝说很难改变积习,如何走出改变的第一步,至关重要。为此,他主张"先体验,再改变",先让牧民简单尝试一次就业务工,在体验中自然而然地发现定居生活的优越。这样一来,不消苦口劝说,他们就会自发做出改变了。在脱贫工作的努力下,现在的巴青县人民群众上进心明显增强了,乐于接受转移就业,更希望靠自己的劳动赚钱。

戴佳成与巴青县村民的合影

2021年,距戴佳成赴藏已有两年多的光景。回首过去,戴佳成依然无悔于当初的选择。"如果能对以前的自己说一句话,"他沉思许久,铿锵有力地说,"不断努力锤炼自我,继续坚持服务人民!"

原文字记者:浙江大学团委　王梅敏慧、胡雨桑
人物稿修订:丛文筱(根据原稿修改)

吕诗雨：勇救落水者，身边的"平凡英雄"

■ 人物名片

　　吕诗雨，浙江大学经济学院金融学专业 2020 级硕士研究生。吕诗雨见义勇为，在危急时刻救起在海中挣扎的孩子。其事迹获人民日报、光明日报、人民网、中国青年报、团中央等 10 余家主流媒体争相报道，得到了社会公众的广泛关注和高度赞扬。2021 年 10 月，吕诗雨被授予浙江大学求是荣誉奖章。

2021 年 7 月 31 日傍晚，吕诗雨在浙江平湖游玩时偶遇一对父子落水，未曾下海过的他毅然决然扑入海中，冒着生命危险救起溺水父子。事发一个多月后，平湖市公安局来到学校为吕诗雨颁发《见义勇为行为确认书》。

吕诗雨获得平湖市人民政府见义勇为表彰，记个人三等功一次

危急时刻，见义勇为

7月31日傍晚，吕诗雨与兄嫂二人一同前往平湖市独山港码头游玩，此时码头附近还有另一对王姓父子和平湖市民葛均飞等人。突然，小王一脚踏空，滑入海港深水区，王某见状立即跳入海中，托起儿子往岸边游。此时正值涨潮期，大浪一个接着一个，即使会游泳的王氏父子也渐感体力不支，处境十分危险。

首先发现险情的热心市民葛均飞立刻跳入海中，向二人施以援助，却因同样的原因被困海中，只能拼尽全力将小王推向岸边，自己仰面随潮水漂浮以保存体力。短短20米距离仿佛被潮水硬生生阻断，成了三人求生路上的天堑。

千钧一发之际，吕诗雨在救生器材缺乏的情况下，只身跃入水中向三人游去。"在此之前，我从来没有下过海，也确实低估了潮水的威力，体力流失极快。"吕诗雨说，他原本想从小王身后抱住他，带他往回游，没想到却被小王一把抱住了头部。而着急救人时没脱掉的衣服，因为浸湿在海水中，重量增加，成了另一重负担，让本就艰难的救援难度倍增。

得益于幼时接受的急救训练和过硬的心理素质，吕诗雨一边保持平衡稳住呼吸，一边用力甩脱了小王的搂抱，绕到他身后，双手托住小王的身体游向岸边。附近的群众也寻来救生设施，帮助水中的二人顺利上岸。王某和葛均飞随后自行上岸。

惊心动魄的施救过程只持续了大约十分钟，却耗尽了吕诗雨同学的力气。回想起事发后自己的第一反应，他表示，自己虽然没有海中游泳的经验，但危急时刻挺身而出是一种本能。

原来英雄就在身边

救人过程惊心动魄，而吕诗雨的生活依旧平静。在他救人后的一个多月内，没有人知道这位身边的"平凡英雄"，他也从未主动提起，直到平湖市公安局收到了王某的举荐材料。

经过一系列的调查、确认等工作，平湖市公安局于9月29日来到浙江大学经济学院，向吕诗雨送达了《见义勇为行为确认书》。他的同学们直呼："原来'英雄'就在我身边！"

"在大海中游泳救人难度很大，吕诗雨同志的义举和善举充分折射出了一名党员的优秀品质，我们深受感动。"平湖市公安局党委副书记、政委方勇说。

对吕诗雨来说,此次成功救人,离不开平时积累的急救知识和自己良好的身体素质。儿时,在父亲的影响下,吕诗雨就学习了游泳,还加入了小学的游泳队。从教练那里,他初步学习了救援知识,比如,如何在水中最省力地到达落水处、什么救援姿势最有效等。"和溺水者接触后,从后面抓住胳膊托着人游回的动作就是我在小学时掌握的。"

点滴善意,汇聚大爱

日常点滴善意汇聚成大爱的力量,乐于助人、沉稳冷静,这些品质仿佛融入了吕诗雨的血液,并衍化成他为人处事的信条。师长、同学评价中的吕诗雨,与他勇敢救人的形象逐渐重叠。

吕诗雨参加浙江大学经济学院表彰座谈会

2021年,是吕诗雨成为党员的第四年,也是他来到浙大的第二年。在游玩途中救人的勇气,同样离不开浙大学风的浸润。"经济学院鼓励同学们培养经纶满腹大学问、经天纬地大才能、经略天下大志向、经世济民大情怀和经得风雨大体魄,吕诗雨同学的视野和情怀是最生动的注脚。"经济学院党委书记张子法说。

据他的"球友"、经济学院 2020 级硕士生叶强介绍,吕诗雨在平时生活中就是个"暖男",遇到同学跌倒损伤,都会主动帮助他们治疗。"我在写论文时遇到困难,他也会帮助我,或者是一起寻求其他人的帮助。"与吕诗雨同专业的郑博文说。

"吕诗雨的事迹,对于正在入党过程中的我来说,起到了很好的引领作用,他是我们的榜样。"吕诗雨的同学杨声威说。

吕诗雨的导师杨柳勇教授说:"作为老师,听到这样的事情,心里还是很骄傲的,这也是我们学校的学生应该做的,我们要学习他挺身而出、不怕牺牲的精神。"

在吕诗雨本人看来,自己是不值得关注的。他希望大家早点忘记他,让事件回归事件本身,并希望大家在他人危难之际,既要有挺身而出的胆气,又要有敬畏生命的理性。

原文字作者:浙江大学　周亦颖

浙江大学融媒体中心学生记者团　彭静怡

人物稿修订:张竞文

刘佳玮:从江南到雪域,一片丹心付中华

■ 人物名片

刘佳玮,浙江大学 2018 级法律硕士(非法学)研究生,中共党员,2018 年度"中国大学生自强之星"奖学金获得者。上海市十年来首批进藏兵之一,在进藏后申请在中印边境服役两年,守卫祖国的寸寸山河。

"胸带红花离家乡,立志军营卫国枪。一身戎装从军梦,离别亲人军装情。"这对刘佳玮来说熟悉不已,他曾在海拔 5000 米的边境线上戍守两年,与连绵不断的雪山为伴,在青春的序曲中,书写奋斗的篇章。

最美年华奔赴西藏,无悔青春从军志

18 岁那年,刘佳玮选择参军入伍,到西藏服役,在最美的年华去实现最美的"军营梦"。

刘佳玮的爷爷曾经当过铁道兵,他从小就听奶奶讲述爷爷的故事,军营的种子早就埋在他的心间。当征兵的消息传来时,按捺不住的从军梦想刹那间便把刘佳玮点燃。"只要能活着回来,就一定要去。"2012 年 9 月,刘佳玮主动报名入伍,成为上海市十年来首批进藏兵中的一员。

着上戎装,就意味着舍弃安逸,选择艰苦。出发前,刘佳玮已经做好了充分的心理建设,但刺骨的寒风、萧瑟的驻地还是超出了刘佳玮的预期。刘佳玮服役的地方位于中印边境麦克马洪线争议地区,驻地高寒缺氧,宿舍没有暖气和空调,刘佳玮和战友们只能每人盖两条军被再加上一件军大衣御寒。久留雪地,他

脸上曾一层层蜕皮,火辣辣的痛持续了整整七天。因为气候湿寒刘佳玮还患上了风湿病。为了强身健体,边防战士们需要赤膊在雪地里抱木头。第一次"浴雪训练"结束后,刘佳玮和好几个战友都感冒了,他甚至有些发烧……

服役期间刘佳玮在雪中潜伏练习

艰苦环境更能锤炼男儿本色。尽管在训练时常常力不从心,高原反应频发,但刘佳玮从未放弃,为增强体能他下定决心加码锻炼——每晚熄灯以后,咬着牙做 100 个俯卧撑、100 次深蹲和 100 个仰卧起坐,整整一年 365 天坚持"三个一百"从不间断,连大年三十晚上也不例外。

作为部队里"稀罕"的大学生,刘佳玮身负着众人的期许,也承担着更多的压力。当兵的两年时间里,步枪手、迫击炮操作手、文书兼军械员、通信员、新闻报道员、水电工……刘佳玮每一项都接触过。"这是部队领导和战友对我能力的认可,我要对得起他们的这份信任。"无论在什么岗位,刘佳玮都时刻记住自己的责任,宁愿自己多花点时间和精力,多吃点苦,也一定要把工作做好。由于表现突出,他在中印边境面对着鲜红的界碑和党旗庄严宣誓,加入了中国共产党,先后受到多位中央军委首长的亲切接见。

惜别母亲望月思乡,雪域高原收获战友情

当兵两年,刘佳玮只与母亲见过一面。确定成为进藏兵中的一员后,刘佳玮第一时间给家里打了电话,旅途劳累,刘佳玮劝母亲不要来送他。但母亲牵挂孩子,还是买了当夜的火车票赶到上海参加学校举行的欢送会。在候车室送行时,

许多人都哭得稀里哗啦的,刘佳玮强忍心中悲伤,安慰母亲:"没事的,就两年,圆我一个梦。"

仰望异乡高耸的雪山和雪山之上的月亮是刘佳玮思念亲人的方式。"第一年是最想家的时候,晚上多次梦到父母。"营区内军纪严明,每周与父母通话的时长只有十几分钟,刘佳玮也向来报喜不报忧。"面对仰望的异乡,身后背对着故乡。高高的雪山,雪山之外的月亮,哪一个热血男儿没有思乡念亲之情……"这是刘佳玮在五四朗诵会作的诗,很多时候,在部队里想家了,他也只能望一望家的方向。

最令人感怀的是部队岁月如歌,苦中有甜。军营把一群挥洒青春的好男儿聚在一起,也让他们之间平凡而珍贵的战友情镌刻在岁月的深处,难以忘怀。朝夕相处的战友在艰苦训练中给了刘佳玮莫大的鼓励与帮助,新兵训练结束后,刘佳玮带头奔赴边疆,驻扎来果桥。从海拔3000米的驻地到海拔5000米的边境,这条路上有过洪水、暴风雪、泥石流,甚至有过生死两隔,战友之间的信任与合作此时尤为重要;当通讯员时,他拍完照片,习惯给对方回看相机中的自己。"难忘每个人脸颊上那两朵高原红,透过阳光的照射,闪耀着真诚和善良。"

一日从军终身律己,英雄归来仍少年

部队给予刘佳玮的不仅是身体体能上的锻炼,更重要的是意志品格上的锤炼。脱下军装,刘佳玮没有丢弃军人的优秀品质和意志。

怀着向周围人谦逊学习的心,刘佳玮踏上了浙大之土,有条不紊地开启了一段崭新的求学之旅。他说,选择浙大,有两方面的原因:"一是以前看过一部纪录片《去大后方》,里面展现了浙大学子在抗战时期民族危亡之际举校西迁,全校师生展现出来的浙大精神让我折服;二是我对传统文化情有独钟,被南怀瑾先生发起的'光华基金会'中'光大中华文化'的理念深深吸引,所以选择到浙大光华法学院进行深造。"

西藏边防部队的生活锻炼了刘佳玮,使他能"耐得住清贫、守得住寂寞"。"由于法学院在之江校区远离闹市,所以有些同学不太喜欢,但是在这里,我的心无比安静。"部队的生活,也培养了刘佳玮百折不挠的劲头。无论遇到任何困难,他都会"为成功找方法",努力攻克这个困难。"想一想高原越野、想一想边境巡逻,一切都不再是困难。"在浙大的三年时间,他在导师的指导下,公开发表学术论文两篇,三篇论文获奖,参与课题四项,参编《中华人民共和国证券法制度精义与条文评注》。

　　浙大三年求学期间,他也一直在努力发挥作为一名退伍大学生士兵的光和热。在学院,他每年都会到许多班级的班会、党支部的组织生活上和大家做交流分享,"共谈初心使命,共话爱国情怀"。"今年1月份,有一位本科生找到我咨询参军入伍的事情,他说三年前在班会上听了我的分享交流受到很大震撼,从此萌生了三年的参军梦。"提到这些,他无不骄傲。

参加学院党支部活动,分享军旅经历(右一为刘佳玮)

　　六年前当兵前夕在浙大的惊鸿一瞥让刘佳玮难以忘怀,如今他把浙大作为他的历练之地,继续书写无悔的青春故事。军人是保卫国家、保护人民的坚强力量,而法律是维护社会公平正义的重要武器,他希望自己在退伍之后仍能将责任与使命坚定一生。

　　退伍不褪色,刘佳玮脚踏实地的每一步,都是他一片丹心刻下的印记。"'中国大学生自强之星'的称号是一时的,真正成为一名自立自强的浙大人,是一辈子的事情。"他深感自己要走的路还很长。

原文字记者:浙江大学今日头条号　田柳燕
浙江大学青年新媒体中心　罗田、童嘉桢
人物稿修订:何诗琳(补充采访,根据原稿删改)

刘浏：人间情长在，"心巢"无际涯

■ 人物名片

　　刘浏，浙江大学计算机科学与技术学院电子与信息专业 2019 级博士生，杭州市社会组织领军人才，杭州市品牌社会组织、5A 级社会组织"心巢公益"创始人、理事长，开设了杭州市首家政府和公益组织合办的公益老年大学——基层党建公益课堂心巢文澜大学，与同事们搭建的线上教学平台在浙江省第六届"互联网＋"大赛中获得金奖。

　　在美丽的杭城，有一群热心公益的志愿人士，身着"心巢公益"红色小马甲，穿行在社区、养老院、工疗站，为需要帮助的人们送去温暖。而作为"心巢公益"组织创始人，刘浏已与公益结缘近二十年。从最初几个朋友相约共行点滴小事，到今日爱心满满的公益大家庭，刘浏一路走来，公益服务的能力与水平日渐提升，而扎根心底的奉献之意却始终如一。

初心——用心巢培育公益之花

　　于刘浏而言，公益梦早在儿时和父母一起参加志愿服务的时候，就已扎根心中。在工疗站服务残障人士，在敬老院陪伴爷爷奶奶们，在街上给环卫工人送暖心姜茶……志愿服务的经历，让刘浏真切体会到社会对公益帮扶的需求，结识了许多志同道合的朋友。几个年轻人一番交流，便有了成立公益组织的最初打算。"当时也是凭着一腔热血吧"，刘浏和朋友们确定了"心巢"的名称，并制作了组织的 logo——"一个有爱心的房子，希望爱心人士能够在我们的组织中，用爱心构建有爱的空间，所有人都能够获得爱和感动。"

一个偶然的机会,刘浏和同事们的善举登上了《杭州日报》,组织也因此接受到杭州市政府的扶持。"我们想和别人做的不一样",怀着青年的朝气与冲劲,刘浏带领同事们共同探索,很快确定了"专业化"的发展路径——追求志愿服务的品牌效应,向一个方面去深挖,把志愿服务做深做扎实。"就像建立错题集一样,反复体会踩过的坑,在总结反思中完善品牌活动。"

基层党建公益课堂,便是刘浏着力打造的一大亮点。"不少老人随子女来到杭州,无法参与老年大学,生活就常是单调。"与老人谈话中了解到的现象,促使刘浏办起了第一期基层党建公益课堂——心巢文澜大学。秉持真诚服务的理念,刘浏始终关注老人们的反馈。"从第一期的反馈看,老人们更喜欢活动类的课程,想学插花、书法,甚至是瑜伽、太极。"针对需求,刘浏很快行动起来,"我们寻找志愿者群体中有相应技能的人进行授课,尽最大可能满足老人们的需求。"在实践中用心体会,在探索中日臻完善,刘浏与公益课堂共同进步,并肩成长。

抗疫——以行动铭刻责任印记

2020年,新冠肺炎疫情肆虐,对生产生活秩序带来了极大的影响。目睹这一情形的刘浏,毅然走向抗疫宣传的第一线,不曾有过彷徨与担忧。"我相信政府的防疫工作,不会有问题,"刘浏也希望用实际行动,为疫情中的人们送去帮助与关怀,给予他们共抗疫情的希望与信心,"我们想做一些接地气的工作,让服务对象真切感受到党和国家的关怀。"

刘浏与抗疫团队合影(左二为刘浏)

　　"战疫号"党群服务方舟,是刘浏的首次实践。最初,志愿者们手持喇叭,在各个社区宣传防疫知识,十分辛苦。基于此,刘浏便与同事们探讨,提出将爱心车辆改装为防疫宣传车的想法,"战疫号"就此诞生。后来,刘浏发现许多本地老年人对宣传内容并不感冒,便在原有基础上加入杭州话的版本,一下子拉近了与老年群体的距离,还因此登上了学习强国。

　　刘浏致力于搭建党和基层群众之间的桥梁。驻守 24 小时党群服务热线,刘浏为人们带来温暖。每每接到抗疫人员家属的电话,刘浏都会尽己所能,为他们做好后勤保障。疫情可控后,刘浏派出"领航号"党群服务方舟,带领志愿者们前往各社区的党群雷锋广场,在保持人员防护到位和距离可控的前提下为居民提供测血压、测血糖、理发等服务,提供最真切的关怀与帮助。

刘浏开展志愿服务

　　线下的公益帮扶之外,刘浏还借助"云课堂"平台,打通线上公益服务渠道,完善了网络直播、屏幕分享、互联交流等功能,在线上推进公益课堂相关课程内容。这一方案极大地丰富了老年群体的生活,"有的老人甚至一次性报了七八门课,"刘浏笑道。对疫情期间的云课堂,刘浏有着颇深的感受:"云课堂成了一个让老人们敞开心扉、相互交流的平台。有了更多人的陪伴,老人们便不会感到孤独寂寞,无论这种陪伴来自线上还是线下。"既为老人带来开心与快乐,又帮助他们学习知识、增长见识,此间愉悦诚无际涯。

远方——共你我携手扬帆启航

近些年来,公益逐渐走上了正规化的道路,但社会各界对志愿服务的需求仍未得到很好的满足。早年,刘浏常去到工疗站,为那里的残障人士提供力所能及的帮助。与他们一同对话、做手工,让刘浏感到无比的温暖。但随着心巢公益的发展,刘浏虽在公益事业方面发挥着更大的作用,自己却因不能常去陪伴曾经受过帮助的人们而感慨万千。

独木不成林,深思熟虑后,刘浏提出了更具创造性的想法:成立心巢社会组织服务中心。杭州的社会组织有很多,但是有些社会组织刚刚起步,尚未摸到门道。"我们想把已有的经验与他们分享。"只有更多地调动社会力量,才能更好地推进公益活动的社会生态,为更多有需要的人带来帮助。怀着这样的想法,刘浏带领同事们筹办社会组织领军人才培训,力求为更多社会组织插上未来的翅膀。

一路走来,"不负初心"四字是对刘浏最为真实的写照。"作为社会组织的带头人,初心一定要纯,做事不能急功近利。"从 2010 年运河边穿着小马甲的身影,到基层党建服务课堂,再到党群服务方舟、云课堂平台、社会组织服务中心……刘浏始终秉持帮助他人、真诚为民的初心,一以贯之,不曾更改。"当初怎样想的,就怎样去做,很多事情便是水到渠成。"是一颗服务奉献的真心,塑造了今日的刘浏,而他用真诚吸引千千万万颗热心公益的真心,共同铸就今日的心巢。

谈到心巢公益的发展,刘浏满怀憧憬与希望:"我们将继续聚焦于人民群众需要的方面,让心巢惠及更多人,同时为公益生态的健康发展贡献我们的力量。"让需要帮助的人得到帮助,自己在帮助他人过程中也能感受到付出的价值和快乐,这便是刘浏眼中的公益。而他也将用自己的行动,在公益的道路上继续前行。

原文字作者:浙江大学团委　罗田
人物稿修改:杨嘉琦(补充采访,根据原稿删改)

刘耘如:盛放青春,孔子学院的中国姑娘

■ 人物名片

  刘耘如,浙江大学外语学院英语语言文学专业 2018 级研究生。2019 年 7 月赴澳大利亚西澳大学孔子学院担任志愿者教师,协助合作院校的中文教学工作,参与举办多场中澳文化交流活动。在澳期间,曾任孔子学院新闻组成员。

  一头飘逸长发,发梢挑染成了跳动的紫色。鲜艳的裙子在她的身上显得格外合适。在她与朋友的合照中,你很容易在众多西方面孔中一眼捕捉到这个中国女孩,不仅因为她东方人的长相,还因为她的眼里总是闪烁着光芒,她就是刘耘如。

启程:千里奔赴

  2018 年,刘耘如开始了研究生生活。作为一名社会文化学方向的学术硕士,坐在图书馆里读文献、做研究成了她的日常。但是渐渐地,她不满足于坐在书桌前的这种日子。"既然我是研究文化的,就应该到不同的地方体验不同的文化,而绝不仅是坐在图书馆里读书。读书固然重要,但亲自实践、亲身经历同样可贵。"

  恰巧,西澳大学孔子学院开始招募汉语教师志愿者。异国他乡、文化交融,这对刘耘如来说似乎是个绝佳的选择。"我的梦想是到联合国儿童教育基金会工作,这个项目与儿童和教育都有关,又可以让我了解不同的教育体系和教育理念,非常符合我今后的职业发展规划和发展需求。"

　　但天下物无全美，身为一名学术硕士，学术研究应该是她的主攻方向。参加志愿者项目，自己能不能协调好学习和工作时间？会不会耽误毕业？层出不穷的现实问题像一盆盆冷水，尽数浇在刘耘如头上。学业、兴趣、未来，在许多因素交织、无法抉择时，刘耘如选择遵从内心："既不迎合，也不随心所欲；敢于选择，也敢于承担后果。"于是她进行了一场理性思考："我认为在不影响顺利毕业拿学位的情况下，个人的发展应该是自由的。既然到孔院做志愿者符合我的职业规划，有益于我的长期发展，就勇敢地去做出决定。"提及最困难的工作和学习平衡问题，她俏皮地吐了吐下舌："想要实现工作和学习的双赢，我就得协调好时间，加把劲儿呀！"

　　最终，在经历了一个月的集中培训考核后，她跨越南北半球，飞过6000多公里的距离，来到了澳大利亚，开始了作为一名志愿汉语教师的教学生涯。

挑战：超越自我

　　孔子学院的工作种类繁多，协助当地合作院校的中文教学、为西澳大学提供成人汉语课程、举办多形式的中华文化活动、参加促进中澳文化交流的座谈会等等，都是一名孔子学院汉语教师的必修课。用刘耘如的话说："这边的工作很有挑战。"

　　刘耘如的学生年龄段从小学一直延伸到成人。"我觉得我很幸运，基本上澳洲的基础教育部分，我都体验和学习了一遍。"学生年龄跨度大，需要她付出更多的努力。不仅要设计上课内容、指导高年级学生准备中文高考，面对不同的学生，还要切换不同的状态和教学方法，"对于小孩子，更多激发他对中文的兴趣；而对于有工作需求或比赛需要的成年人和高年级学生，就要严格要求，教授比较复杂的句子结构和语法，同时也要注意不能打击他们的积极性，"她思考了一下，"这个度就得在具体实践中去学习和把握。"

　　有一次刘耘如临时接到了一个任务，要给某校的高中生做历史讲座，讲汉朝历史。全英文的讲座，学生有一些中国历史基础，讲的时候就要求有一定深度，"我自己的历史本身其实并不是很好，任务的时间要求也特别紧张，所以当时我临时恶补，查阅了很多资料，熬了两三个夜把讲座内容赶了出来。"最后，讲座获得了老师和同学们 absolutely wonderful（非常精彩）的评价。"这个我还是非常自豪的。"刘耘如微微一笑，眼睛弯成了一道月牙。充足的前期准备，优秀的工作能力，换来的是被认可的快乐。通常情况下，孔子学院的志愿教师每个学期都会换个学校。但这次，刘耘如主动申请了不换学校，"学生们听闻下学期我还在这

受邀参加西澳澳中友协的刘耘如

里就非常开心,这种时候就会感受到被喜欢、被需要的快乐。"

除了在教学中是备受欢迎的老师,在工作中,刘耘如也是一位靠谱的同事。作为孔子学院新闻组成员的她,负责写新闻、口译和诸多的行政工作,编辑视频、做邀请函海报,各种各样的新任务让她接触了很多新的领域。"总结一下就是,我是一块儿砖,哪里需要哪里搬。"刘耘如笑着说。

有一次她负责给西澳州政府和中国渔业协会的合作项目做全程口译,每天晚上下班回家累到一个字都说不出来,但是做了两天,收到了三个中国公司老板的工作邀请。"这种能力被认可的快乐是可以抵消疲劳的,这种时候就觉得自己之前在口译课上受的虐没有白受。"挑战时有发生,从勇于接受到乐于接受,刘耘如在这其中找到了自我提升法则。

成长:未来可期

"在孔子学院的一年时间里,我变成了更职业、更专业的人。"在之前的学习生涯中,刘耘如一直是一名学生,孔子学院的工作,带给她第一次视角上的转变。"初入职场,我的责任意识就变得很强,这份工作安排给你了,不管中间遇到什么困难,你都要想办法去解决。"独立自主、专业高效,在工作中培养出的职业素养,帮助刘耘如迅速成长了起来。

这份成长,同样也被她带入未来的职业规划中,"到这里工作后,我发现自己对教育确实有浓厚的兴趣,所以可以说是更加坚定了自己的人生理想吧!"在她看来,教育是社会发展的基石,具有非常重要的意义,来到澳大利亚,既是传道授业,也是传递文化。"其实很多人来到孔院都是带着情怀、带着理想来的,我们不只是把它看作一份工作、看作简历上的一句话,我们更多的是把它看成一项事业、一段人生的独特经历。"

作为孔子学院的志愿教师,刘耘如会时不时地参加一些中澳双方文化交流的会议、座谈会,也会举办很多中华文化活动。"我们会给当地的学生办历史讲座,教他们太极、书法、绘画、编中国结等中华才艺。另外,我们每周都会免费为珀斯的公众举办汉语角、太极角和书法角。"对于这些文化活动,她如数家珍。2019 年,浙大文琴民乐团受邀来珀斯演出。现场的观众大多数是第一次见到二胡、琵琶这些中国传统乐器,感到十分惊奇,并产生了浓厚的兴趣。"有观众当场表示,他会记住这种乐器的名字,让自己的孩子学习这种乐器。当时我觉得,我们用心组织的活动,真的使更多澳大利亚民众对中国文化有了进一步的了解。"

浙大文琴民乐团赴澳交流合影(第一排右二为刘耘如)

"生命就这么短暂的一次,不管是工作还是生活,都别让自己后悔!"千里奔赴,无悔青春,刘耘如用行动为自己的人生交上了最好的答卷!

文字记者:丛文筱(采访)

孟详东：成长在基层服务路上的红马甲博士

人物名片

孟详东，浙江大学能源工程学院热能工程专业2018级博士生，受邀参加庆祝中华人民共和国成立70周年大会现场观礼。曾任校学生会副主席，带队校研究生支教团赴云南支教，并创办益心无量公益团队。读研期间，担任校团委书记助理（挂职）、青年志愿者指导中心主任。获全国优秀共青团员、浙江省优秀共青团员、浙江大学优秀研究生共产党员等荣誉称号。

观礼阅兵，闪耀赤诚红心

自进入大学之日起，孟详东便深知个人理想的实现要与国家的发展相结合，怀揣着这一信念，他不断用思想武装自己，成为一名光荣的共产党员。作为中国大学生骨干培训学校的七期学员，孟详东一直以来都以亲身经历鼓励同学做新时代有理想、有追求、有担当、有作为、有品质、有修养的大学生。

孟详东始终忘不了在2019年9月初，他以全国优秀共青团员的身份接到现场观礼国庆阅兵邀请的时刻。"当时接到通知的时候我非常激动，也很自豪可以作为团员青年代表到现场观礼，这对我来说是至高无上的光荣。"9月29日6点，他坐上了前往北京的飞机，参加此次庆祝中华人民共和国成立70周年大会。

"整个天安门广场都是为祖国庆生的人，周围对祖国的祝福声、呐喊声不绝于耳，现场那种全民欢欣鼓舞的气氛尤其让我难忘。看到阅兵仪式中整齐走过的列兵方阵，看到群众游行用各种方式展现祖国的发展面貌，我想起了中国为实现繁荣富强而不懈奋斗的历程。"不同于通过荧幕荧屏观看阅兵典礼,现场的气氛更是挚诚热烈。参与庆祝大会所有人表现出的爱国真情,令孟详东饱含热泪,也是他此行印象最深刻的记忆。

孟详东在天安门广场观礼阅兵

作为浙大学子,在这个重要的历史节点近距离亲身参与阅兵仪式,孟详东感到十分荣幸和自豪。看着长安街上游行的群众和花车,1949 年、1978 年、2012 年……这些重要的节点出现在他脑海中,也坚定了他的信念:"这是一个新生国家的探索和足迹,更凝聚了一个古老国度的奋进和果敢。雄关漫道真如铁,而今迈步从头越。我有幸生活在这样的繁荣的时代、昌盛的国家中,更有责任为祖国更加光明而辉煌的未来奋斗,做奋发有为的时代青年,为伟大祖国的繁荣昌盛献力!"

力学笃行,实践益才砺刃

"知者行之始,行者知之成。"孟详东深知理想的实现要根植于对国家和社会的了解,而志愿服务便是了解基层和服务社会的最佳途径。他不仅身着红马甲奔走在校园内外参加志愿服务,还在本科毕业后放弃专业保研机会,加入研究生支教团,赴云南景东开展长达一年的支教工作。在这一年里,孟详东以其扎实的工作作风、吃苦耐劳的奉献精神,为当地教育、扶贫事业的发展做出了贡献。

"这是我第一次以授课老师的身份,站上三尺讲台,看到的是孩子们渴望的眼神,听见学生们整齐地用略带方言的普通话说'老师好!',这种始料未及的仪式感让我感受到了身上的责任之重。在云南景东,我被他们的善良所打动,也暗暗下定决心,要在这里上好每一堂课。"五十多个课时的课堂时光,孟详东在教中学,在学中教,牢记作为老师传播知识的使命,也不忘用自己的行动为当地的学生带来温暖。他告诉学生,尽管这片土地暂时比较贫瘠,但只要他们不放弃信念,努力学习,就有机会让家乡发生改变。通过这段经历,孟详东对自己所关注的基层问题有了更深刻的认识。

孟详东在云南景东支教(第一排右四为孟祥东)

时至今日,在孟详东看来,去景东支教的那段日子依然是他人生中非常宝贵的一段经历。能够以学生、支教老师和承担扶贫任务的代表等多重身份实地了解祖国的基层,也是他作为学生党员将理论和实践联系起来的一次尝试。"穷的地方,为什么穷,我们能做什么?"是孟详东在支教的这一年中时刻思考的问题。回校之后,孟详东立刻将理论知识与思考结果落到了实际行动中。在学校领导、老师的鼓励指导和众多小伙伴的支持下,他发起成立了浙江大学基层工作服务协会。作为首任会长,孟详东多次走访、调研基层实地,对浙大毕业生前往基层就业工作的现状,以及基层组织对于专业高素质人才的需求有了全面深入的认识。通过协会,他将这些信息分享给更多的同学,为浙大学子打开了一个了解基层工作的窗口。目前,基层工作服务协会吸纳学生会员百余人,并举办多场大型基层工作交流讲座、培训等活动,服务在校学生超过千人次。

大量的学生工作花费了他不少的时间和精力。但在孟详东看来,能帮助更多同学实现自己的理想、看到越来越多的浙大人奔赴祖国需要的地方去开创事业,是一件"很幸福的事情"。这种坚持和奉献带来的不仅是自身的满足感,更是对他人服务的价值提升和体现。孟详东用亲身实践诠释了一名优秀学生党员全心全意为人民服务的恒心和脚踏实地的实干精神。

求真科研,潜修筑梦匠心

作为一个出生在东北吉林能源重镇的孩子,家乡发展的起落伴随着孟详东的成长。看着在企业改革中艰难谋生的亲人长辈,目睹能源行业变革对家乡带来的改变,他深切感受到了能源对个人、家庭、地区乃至国家发展的重要影响,感觉到能源好像成了自己的一部分。从少年时起,想要为家乡振兴和能源行业发展献智献力的志向便在他心中萌芽。

怀揣着这种坚定的志向,孟详东以优异成绩完成了本科学习,在此期间他曾获浙江大学学业优秀三等奖学金、优秀学生三等奖学金、南都三等奖学金、岑可法教育基金二等奖学金。研究生期间,他专心科研,负责了国家重点研发计划重点专项、国家自然科学基金创新研究群体项目和云南省重点研发科技计划项目,以第一作者在《化工学报》发表封面文章,在 *Waste Managemengt* 和 *Energy and Fuel* 上发表 SCI 论文三篇,并在第十届 I-CIPEC 国际会议上作口头报告。

在谈到如何平衡学习科研与志愿工作时,孟详东有这样的感悟:"在学校学习、科研的最终目的是服务社会,为实现中国梦贡献自己的力量,而理想的实现要根植于我们对国家和社会的了解,志愿服务是了解和服务社会的有效途径,在服务过程中可以了解到社会需要什么,结合到我个人,我能去做什么,于是目标和问题就都有了。目标会在我面对科研困难时给我坚持下去的动力,问题则会让我更有针对性地去开展研究工作。因此,志愿服务给我的科研工作带来的是正反馈。"

原文字记者:张翼、谢雨辰、肖楠、卞夕瑶、王丛聪

人物稿修订:江亦悦

施政涵:走在公益路上的"最美志愿者"

人物名片

施政涵,浙江大学生物医学工程与仪器科学学院生物医学工程专业2019级博士生。曾任绿之源协会会长,组织开展100多场具有社会影响力和实践意义的公益实践活动,仅"志愿汇"平台记录志愿者小时数就超过600小时,辐射影响近万人。第五届世界互联网大会期间,负责"互联网+公共服务"论坛的会务引导翻译,并担任了卢森堡议会议员、欧盟委员会前副主席Viviane Reding女士的联络接待志愿者。

投身公益,造炬成阳

施政涵在校期间,经常参与各类公益志愿活动,是同学们眼中当之无愧的"公益之星"。大学以来他一共参与了100多场具有社会影响力和实践意义的公益实践活动,辐射影响近万人。谈到自己做公益的初衷,这个阳光的大男孩露出了腼腆的笑容:"公益,其实就是一种积极、健康而又快乐的生活方式。这个传递正能量的过程,也能让自己不断地获得激情和成就感。"正是秉持着这样一种初衷,施政涵走上了公益之路,几年来,努力成为一束能够带来温暖的光。

施政涵的公益之路有着一种别样的风采。他热情地参与志愿活动,同时细心体会生活,关注社会热点,并努力将想法落于实践当中,因此,施政涵也在积极地扮演着组织者、策划人的角色。他从大一开始参与青少年环境教育活动,在小学开展了近40次环教课堂,并带领团队和文新小学开展了六年环教合作计划,

212

为文新小学探索出了新的环境教育模式，展示了浙大人的求是风采。作为浙江大学绿之源协会会长，他还是校园内多项环保活动发起人："启真湖畔"校园生态环境监察体系探索、"气候变化 2030 青年行动"等长期项目，吸引了许许多多的浙大人参与，为守护自然贡献自己的力量。

"奉献和成长"是施政涵给自己的大学本科四年写下的注脚，也是一个志愿者在公益路上一步步踏下的足迹。多年的公益之路，让记者眼中这位少年的"沉稳、严谨、坚守"，颇具实证。

施政涵担任第五届世界互联网大会志愿者

面向国际，拓宽国际视野

都说浙大人有国际范，施政涵就是一个鲜活的体现。

在校期间，他将眼光从身边放眼到了世界，"很感谢浙江大学为我们提供的平台，站在这些平台上，我仿佛踩上了一个个跳板，眼界渐渐地拓宽。"回忆起在校的经历，施政涵认为学校的宽广平台为学生们提供了更多、更优质量的机会。这其中就包括邀请全球护水者联盟（Waterkeeper Alliance）的嘉宾开展全球首个护水者之夜（Waterkeepers' Night），施政涵和他的团队成员们与来自美国、柬埔寨、孟加拉国等国的护水者畅谈护水理念。这一活动模式目前已被推广至浙江工商大学、柬埔寨建明大学等国内外高校，浙江大学学生绿之源协会也在经过近半年的申请后成了全球首个大学生护水者之友团队。施政涵目前担任了联合国可持续发展教育专业区域中心（杭州）青年协调委员，就气候变化和可持续发展议题开展了系列活动。在新冠肺炎疫情期间，他组织开展了"气候与水"线上主题青年对话活动，邀请来自中国、澳大利亚、墨西哥的环保青年代表和美国护水专家共同参加在线交流分享，吸引了浙江省各高校的2307名大学生参与互动，取得了广泛的影响力。

施政涵参与组织第12届亚太地区联合国可持续发展教育专业
区域中心年会（第二排右二着白衬衫者为施政涵）

而回忆起学校的国际交流项目，最令施政涵记忆深刻的是前往俄罗斯圣彼得堡交流，了解俄罗斯历史、政治和语言文化之余，受俄罗斯特有的开菲尔起泡发酵乳启发，他回到学校后和同学将起源于高加索山脉的开菲尔酸奶和江南水乡的酒酿的工艺理念相融合，开发出了具有酒酿风味的无醇发酵乳，"当时开发出来了，就激动地喊小伙伴来品尝，发现味道还真不赖，那种激动感是难以言喻的。"

脚踏实地，面向未来

施政涵本科的专业是食品科学与工程。四年来，他热爱专业，扎实学习各门专业课程，成绩名列专业前茅。生活中，他会向亲友提供饮食指导和建议，制定营养健康的食谱，揭露网上不实的食品安全谣言。他积极参加科研训练，不断提升自己的创新能力和动手能力，作为负责人主持完成了国家级大学生创新训练计划项目,在暑期前往美国伊利诺伊大学香槟分校进行了科研训练,完成学术海报并在汇报会上进行展示交流。施政涵严格要求自己,在致力于公益志愿活动的同时也没有让自己的学业"掉队"。他以专业综合排名第一的成绩成功推免至浙江大学生物传感器国家专业实验室攻读博士学位,希望在大健康领域继续深耕。

施政涵的大学生活也可谓是"浙里芳华,灿烂尽绽"。在学业之余,他积极参加学校开展的运动会,代表生工食品学院在本科生男子 4×100 米项目中跑出了不错的成绩。同时外表阳光帅气的他经常被喊去参加各种学院组织的大小活动,在活动中,他结交了很多朋友,开阔了眼界。热心的他,还时常和初入浙大正处在迷茫期的学弟学妹们交流谈心,分享自己的经历,提出一些令学弟学妹们受益良多的建议。

谈及自己对未来的规划,他说:"于我而言,一切都像是一个新的开始,我将继续坚定信念、虚心学习、坚持公益、踏实科研,迎接新的挑战,成为一位对社会、国家乃至世界的可持续发展有贡献的人。"

施政涵的公益路给许许多多的人带去了温暖,也同时鼓舞了更多浙大人加入到公益之路上来。而这条公益之路仍是正在进行时,正如他自己所说"对我来说,公益是一条走不完的路",也许,公益对于他来说已经成了一种习惯,奉献也成了一种姿态。一个又一个全新的舞台正在拉开帷幕等待施政涵的加入,我们也期待这位热心阳光的大男孩能在未来继续闯出他的多彩人生路。

原文字作者:浙大生工食品微信公众号　杨子睿
人物稿修订:王天怡(根据原稿进行增删修改)

汪蕾:赴土耳其担任联合国志愿者，她记下独特的疫情日记

■ 人物名片

汪蕾,浙江大学环境与资源学院环境科学专业 2016 级本科生,曾任全国桨板(SUP)锦标赛、浙江大学 120 周年校庆、浙江大学模拟联合国的志愿者,曾赴新加坡、匈牙利、以色列等地对外交流学习,获浙江省政府奖学金、浙江省环保科普行优秀志愿者、浙江省优秀学生等荣誉称号。

2019 年底,汪蕾在上海外国语大学松江校区参加首届"中国青年志愿者海外服务计划——服务联合国机构项目"出征仪式。她是该项目首批 7 名大学生志愿者中的一员,经过严格选拔,汪蕾获得联合国开发计划署（The United Nations Development Programme，UNDP)的实习机会,前往土耳其伊斯坦布尔进行为期半年的志愿服务。

入选志愿者,勇担青年使命

中国青年志愿者协会与联合国志愿人员组织(UNV)合作实施的中国青年志愿者海外服务计划——服务联合国机构项目,吸引了来自全国各地高校学生的踊跃报名。而最终的入选名额却只有 7 个。

面对激烈的竞争,汪蕾做了充分的准备:结合个人优势,联系联合国的可持续发展目标,搜索联合国志愿人员组织相关项目的资料,增加对项目的理解;反复模拟面试,思考可能遇到的问题并寻找最佳回答角度。在正式面试中,面试

官详细询问了组织协调能力，"我讲到自己有多次志愿服务经历后，他们让我选一个进行详细的介绍，如何策划、开展、进行以及最后的效果。"汪蕾以杭州古东社区志愿环保为例，向面试官们讲述了自己团队从活动设计到开展、宣传的全过程。"以海绵城市概念为核心，我们对当地的居民进行调研、走访摸底，并有针对性地设计科普计划。随后，我们向居民们发出邀请，依托社区集体活动，在大礼堂开展一系列科普宣传以及知识竞赛活动，以期增进大家对新型绿色城市的理解。"

最终，汪蕾成功入选，并在2019年12月16日至19日参加了中国青年志愿者协会、联合国志愿人员组织开展的志愿者行前集中培训。在国际资深培训师的带领下，志愿者们接受了以提升领导力为核心，包含自我认知、表达技巧、团队合作等方面的培训。"这次的培训不是简单的讲座，而是在游戏和案例中学习沟通和领导力。我印象最深的是一个走出沼泽地的游戏，我们团队经历了重重困难，终于有一位成员成功走出了沼泽地，我们认为已经胜利了。但老师之后提出的问题让我意识到：只有每个人都走出沼泽地，才是真正的结束。这让我对团队有了更加深刻的认识。"

中国青年志愿者海外服务计划出征仪式（左三为汪蕾）

培训最后一天晚上，团中央领导、联合国志愿者驻华办公室主任参加了欢迎晚会，并和志愿者们进行了深入具体的谈话。"我能感受到老师们对我们的期望，这次志愿服务机会真的来之不易，一种使命感油然而生。我在世界舞台上展示的不只是自己的形象，更是浙江大学的形象、中国青年的形象，一定要展现好中国青年的担当，讲好中国故事。"

走向国际，贡献中国力量

2019年的最后一天，汪蕾抵达了土耳其。

蓝色的联合国开发计划署大楼门口站着三五个西装革履的安保人员，他们热情地接待每一位员工，汪蕾的一天便由此开始。汪蕾介绍道，此次联合国志愿服务工作大致可以分为三大块：推动当地的志愿服务发展，宣传志愿精神；在当地开展招募联合国志愿者的工作；为当地慢性病的控制提供数据支撑、宣传支持、文书起草等工作。

在工作中，有一段招募志愿者的经历让她印象尤为深刻。新冠肺炎疫情期间，汪蕾所在的办公组发布了疫情相关的联合国线上志愿者活动，之后的短短2天内，他们便收到了900余份报名申请表，最终组织协调了近200名志愿者参与其中。这次招募工作的成功，让汪蕾颇具收获感，也被她看作是工作经历中的高光时刻。

进入联合国系统后，汪蕾逐渐意识到联合国志愿者地位之高，因为志愿者隶属于联合国正式职工名列。"每当和新认识的同事介绍我的 UNV 身份时都会引起惊异，上级也会将重要的任务派发给我，'It's your project'（'这是你的项目'）。在工作中我愈发觉得责任重大，希望自己能更加努力以匹配志愿者的身份！"

疫情中的"山川异域，风月同天"

从不以为意到关注全球疫情，汪蕾记下了在土耳其的疫情日记。

"2020年1月21日，我第一次知道了中国的疫情。同事特意将疫情相关邮件分享给我，说世界卫生组织正在密切关注该事件，评定其存在危害全球公共卫生的可能性。然而当时大家并没有意识到事态的严重性，我们也都认为疫情会很快得以控制。"日子慢慢流逝，疫情却并没有像起初设想的那样消散，在和家人朋友们通电话的过程中，她感受到疫情的严重性：每家每户收到居家的建议，正月传统的拜年也改为宅家。

"3月10日，我收到来自纽约总部的邮件，其中首次强调远程办公，并在纽约率先实行，各地逐渐提高可行性。大家这才逐渐意识到事情的严重性。"在病毒开始全球大流行的时候，汪蕾的工作形式也逐渐发生了改变。区域办建立起了疫情行动小组,宣传部的同事们也在洗手间门两侧、隔间门两侧更新了应对疫情的须知。在之后居家办公的日子里,汪蕾最深刻的感受便是:自己不是在视频会议中,就是在前往视频会议的路上。她以自己为例,平均每周能有 10 场会议,包括健康部欧亚组会、欧亚—阿拉伯—非洲区域联合组会、非传染性疾病小组会等在内的各式组会纷至沓来。"长期宅在家中的我们 get 了许多学习休闲的方式。大家搜集了上百条网上资源。还有个天才同事改造室内健身空间,自制蹲式引体向上器械。你甚至不用担心个人锻炼没毅力,因为区域办还专门邀请教练每周两次带领员工们进行早起伸展运动。"

疫情特供版线上办公:跨时区线上会议

在这一段特殊的日子里,汪蕾也同样见证了许多感动的瞬间。在相关人员的号召下,伊斯坦布尔居民每天晚上 9 点都会在自家阳台上鼓掌喝彩,感恩疫情中英雄的医护人员们。她在日记中写道:"虽然我们很渺小,但希望我们的支持能成为医护人员们坚持下去的勇气与力量。"宅家的日子里,她还收到了中国驻伊斯坦布尔总领馆发的"健康包",里面有符合土耳其传统的消毒古龙水。看到"健康包"中样式齐全的医护用品,汪蕾油然而生一股自豪感:"这就是我们的祖国——不会忘记每一位需要帮助的中国人。"她也将怀着这份对于祖国的热爱,继续在岗位上发光发热,展现中国大学生志愿者的良好风貌。

原文字作者:浙江大学青年新媒体中心　毛若男、汪蕾
人物稿修订:何诗琳(补充采访,根据原稿删改)

汪鑫：牢记总书记嘱托，
他让青春在扶贫工作中闪光

■ 人物名片

  汪鑫，浙江大学计算机科学与技术学院2019级硕士研究生。曾在习近平总书记2019年到平利县考察期间与总书记交流，得到了总书记的肯定和嘱托。曾获浙江省高校思政微课大赛一等奖。

  在2020年浙江省高校思政微课大赛总决赛中，一堂名为"牢记总书记嘱托，做新时代的奋斗青年"的公开课脱颖而出，主讲人在台上侃侃而谈，笑容里满是自信和热忱，把总书记的嘱托用富有激情和贴近生活的方式传达出来。台下评委、观众时而惊叹，时而振奋，佩服于他对教育扶贫的深刻理解和献身时代使命的豪情壮志。这名男生就是浙江大学计算机科学与技术学院2019级硕士研究生汪鑫。

懵懂成长，迸发火光

  汪鑫出生于陕西省安康市平利县老县镇。"本来是个比较贫穷落后的地方，教育资源相对不是非常良好。"在当地政府的教育资助下，2015年，品学兼优的他如愿考入浙江大学。刚刚踏入浙大的汪鑫，仍是"不知身在此山中"，"最兴奋的是考了出去，能够探索更广大的世界"，对教育扶贫的意义并没有什么自觉。

  真正开始转变的契机，是2017年前往河南温县的一次支教活动。一开始，不适和挫败萦绕在汪鑫心头："尽管花了大力气去准备适合孩子们的课程，可孩子们要么听得云里雾里,要么不感兴趣,没有比这更让人沮丧的事了。"

　　但是,这样的认识很快就改变了。尽管学习条件极差,可在这些稚嫩的小脑瓜中,汪鑫却发现有灵感的火花在闪动。有的孩子痴迷于制作小道具,有的孩子喜欢听人讲故事,有的孩子对画笔有说不出的兴趣……汪鑫按照他们各自的特点给予鼓励和指导,看到孩子们干劲满满的样子,汪鑫的疑惑烟消云散了,原来孩子们缺少的不是知识,而是追梦的动力。

　　下乡支教给汪鑫上了一堂生动的课,"和所谓'教导'不同,我们不是去强制改变生活或灌输教育,而是潜移默化地去引导他们看到新的生活、新的希望,开阔眼界,给他们埋下兴趣的种子,"汪鑫说,"支教能做的贡献非常有限,但是扶贫先扶志,只要能影响一个孩子,能让他树立起志向和理想,就是好的。"

　　汪鑫回想那些稚嫩却求知若渴的眼神:"也许现在他们很难理解我们向他们描绘的世界是什么样的,但是如果能够将意志唤醒,他们一定能发出比我们更耀眼的光。"支教是引领,更是陪伴,是传递信念和希望。

总书记来访,坚定志向

　　2020年初发生了一件让汪鑫全家人兴奋不已的事,习近平总书记前来视察新社区的建设成就。汪鑫一家作为脱贫代表家庭,有幸得到如此殊荣。汪鑫一家希望总书记看到的不只是物质上的丰富,更有精神上的更新:"真的非常兴奋,我们家提前做了许多准备,希望让总书记看到大伙儿的精气神!"

　　习近平总书记与汪鑫和他的家人亲切交谈,仔细询问衣食住行,样样都没落下,尤其是对汪鑫表达了关心和期许。总书记鼓励他努力提升专业本领,毕业之后投身国家建设。汪鑫说,生活水平上去了,就能更加放心地读书,不仅如此,作为教育扶贫的受益者,"可以传播扶贫先扶志的理念,不仅仅是在扶贫事业里,其他的工作亦是如此"。

　　汪鑫向总书记汇报自己的支教经历:"支教工作是授人以渔,而不是单纯的教导知识。扶贫不也是这样吗?让劳动者有心气、有条件自食其力,不正是唤醒了斗志的结果吗?"

　　"那么你认为扶贫是什么?"总书记问。汪鑫坚定地回答:"是'扶贫先扶志',就是让人们相信自己的双手创造未来的力量。"汪鑫的回复,尤其是对"扶志"的理解,让总书记欣喜不已,连连夸赞他"想法好",又叮嘱他"有想法就要坚持干下去,久久为功"。

　　汪鑫明白,"总书记的话,不止对我,对广大青年都有如此的期待",因此他

汪鑫及其家人

要通过实际行动将这份责任传递下去。就像总书记说的："贫穷不是不可改变的宿命。人穷志不能短，扶贫必先扶志。没有比人更高的山，没有比脚更长的路。"

"路漫漫其修远兮，吾将上下而求索。"从此之后，汪鑫更加积极地参与学生工作和志愿服务，用自己的声音唤起人们奋斗的劲头。

炳如日星，大有作为

2020年汪鑫参加了浙江省高校思政微课大赛，踏入大学以来取得的所有进步都要在这方讲台上得到真正的考验。汪鑫很早就在规划，要将总书记的嘱托和自己见证脱贫攻坚的历程融入思政微课大赛里，"要让更多的人看到西部贫困地区的孩子的改变，通过绘声绘色的传播方式呼吁广大青年行动起来，投身祖国的建设。"他特意把支教时搜集的故事和影像资料放到最后。他想，孩子们的脸也许比任何话语都更有说服力：看见他们，谁还有资格否定自己能够动手创造出一个"明天"来呢？

精益求精的准备加上满腔热血豪情，让他过关斩将，在决赛上超常发挥，妙语连珠。"好像回到了支教的岁月，台上台下都打成一片"——"因为太过投入甚至无暇去想自己的对手。虽然这是比赛，但是我的志向不是打败他们，而是更好地发出我的声音，让听众们都能理解我想要传递的时代使命，点燃他们心里的火种"。功夫不负有心人，出众的佳绩证明了他播撒光明的生涯是值得的。

汪鑫参加浙江省高校思政微课大赛

　　但是,他想要的只是这个奖项吗?"荣誉只是暂时的事,"汪鑫豁达地笑了,"在大赛的过程中,取得收获的不只是我的听众,还有我自己。"讲演前汪鑫不停地遭遇困难:"出现了各种各样的问题,因为能力有限,到最后一刻还在反复揣摩,每一个环节都在劝退我。"但是有同学们和各位老师的帮助,他逐渐找回了状态。就这样,他放下了怯懦,在讲台上闪耀光芒。

　　"这也是学生工作的意义所在,"汪鑫说,"在唤起别人的信念的同时,我又何尝不是被师长、被伙伴们激起了更强的斗志呢?"传递歌谣的使者,总是会听到万籁林声的回应。声音有传递的空间,才能传得更远,在波澜回荡中变得更强、更激扬。所谓"扶志",与其说是扶持,不如说是肩并肩的关系。

　　童年见证扶贫种下的种子,在学生时代的历练之后发芽。汪鑫不但收获了知识和能力,更领悟了"扶志"的真正含义。汪鑫将自己定义为一个发声的平台,作为教育扶贫的亲历者,更应该帮助更多的人去认识到建设社会、服务人民的重要性并付诸行动。他是这样说的,更是这样做的,向光而行,愈战愈勇,自然而然地,就到达了风景更美的远方。

人物稿撰写:李杨庆(采访)

翁馨:赴联合国实习,在探索中成长

■ 人物名片

　　翁馨,浙江大学教育学院比较教育学专业2018级硕士生,于2019年9月前往俄罗斯莫斯科联合国教科文组织教育信息技术研究所实习。曾获浙江大学2020届"优秀毕业生"称号、浙江大学"优秀研究生"称号。

　　2019年9月,在国家留学基金委员会"国际组织实习项目"的资助和学校研工部"DMB研究生国际组织志愿实习生短期项目"支持下,翁馨获得了联合国教科文组织教育信息技术研究所(UNESCO Institute for Information Technologies in Education,UNESCO IITE)的实习机会,前往俄罗斯莫斯科开启了为期6个月的实习生活。

初来乍到 IITE

　　联合国教科文组织教育信息技术研究所(IITE)是教科文组织下属的7个第一类教育研究所之一,主要研究教育领域中的信息技术运用,致力于促进信息技术的创新运用以及通过信息技术的解决方案和最佳实践助力可持续发展目标的实现。

　　在第四次工业革命和信息技术飞速发展的时代背景下,翁馨一直有意识地探寻教育发展与自身专业的有效结合点。比较教育学专业强调借鉴国外最佳实践,而国际组织作为一个特殊的主体在国际层面可以产生一定的影响力。教科文组织在教育领域具备天然的话语权,发挥着思想实验室、国际标准制定者、信息传播者、能力建设者与国际合作促进者的职能。深入了解教科文组织在教育信息技术领域的实践有助于我国前沿的教育发展。为此,翁馨在 DMB 实习项目当中选择了 IITE,然后有幸地进入了教师专业发展与网络组,探索最新的教育创新实践在实现可持续发展目标当中的潜能。

　　对于翁馨而言,莫斯科是一座完全陌生的城市,翁馨也与大多数出国留学或实习的同学一样,在语言、饮食、生活习惯、文化传统等方面经历了一段相对艰难的适应时期。幸运的是,研究所的所长是中国籍的展涛老师,当时还有一位中国籍的实习生向璐瑶在数字教学方法与学习材料组实习。所以翁馨在动身之前受到了来自他们的很多帮助,包括俄罗斯习俗文化、国内必带品等。

翁馨在 IITE 的实习办公室

　　实习第一天,翁馨所在的部门正好有一位来自乌兹别克斯坦的硕士实习生,翁馨与之交流了在工作和学习方面的很多问题,度过了最初的适应阶段。就是在大家的帮助下,翁馨逐渐地适应了工作环境。她回忆道:"IITE 的工作环境是多元化的,工作氛围轻松愉快,我感受到了同事们对我的友善和帮助,同时我也提升了职场能力、专业能力和人际交往的能力。"

认真与细致的工作态度是基础

在部门主管的指导下,翁馨参与了谅解备忘录、新闻稿、邀请函的撰写,PPT的制作,政策简报的起草,项目预算表的制定,相关合同的起草以及调研工作。2020年初,翁馨还参与了教科文组织2020年全球教育监测报告中有关俄罗斯背景资料的整理工作。虽然工作内容比较烦琐,但是翁馨认真对待每一项任务,将其作为自我提升的机会。

IITE职员认真严谨对待每一个细节的态度深深感染了翁馨。有一件小事,翁馨至今印象深刻。在与来自乌兹别克斯坦的实习生合作翻译和修改一篇关于联合国教科文组织教育信息技术研究所参与视障人群国际论坛的报道中,她们将"残疾人"一词翻译为"disabled people"。研究所的同事在核对过程中发现了此处翻译的不妥之处,指出"残疾人"可翻译为"disabled people""invalid people"或"people with disability",但应当使用"persons with disabilities"这一较为尊重、统一的译法。

翁馨感慨道:"教科文组织对于公开发布的信息非常严谨,很多术语都必须选择统一的说法防止歧义,就是这样一处细节让我更加认真细致地对待接下去的每一项工作任务,同事们严谨负责的态度也着实令人敬佩。"正是在这样追求细节、追求严谨的工作理念熏陶下,翁馨逐渐由稚嫩走向成熟,积累了很多宝贵的实习经验。

持续学习与善于沟通是法则

实习过程总少不得遇上困难。由于所在机构工作的特殊性,工作对于技术与教育相结合的能力需求更为突出,翁馨需要额外学习很多内容,这在当时对于翁馨来说是急需解决的问题。"对于一个初出茅庐的大学生,各方面的能力和经验不如正式员工,因此持续性学习和及时与同事的有效沟通就显得尤为重要。"

在进入研究所的第一天,翁馨就接到了撰写一项谅解备忘录的任务。当时部门主任给翁馨和她的同事发了关于这份备忘录的很多背景资料,并指导了大致做法。为了能够更好地完成任务,翁馨又主动学习了另外一份谅解备忘录以及附带的背景资料。在做了大量功课之后,翁馨迅速理清了撰写逻辑,拟出了主管期望的谅解备忘录。第一项工作任务受到了好评,这也让翁馨在同事心中留下了工作能力过关的印象。

翁馨生活照

然而个人的持续性学习还是远远不够的,善于沟通在实习过程中也尤为重要。有一次部门主管需要撰写项目的可行性报告,包括可持续性分析、风险评估等各个方面,翁馨分配到的任务是收集整理相关资料。一位部门同事通过电话告诉她需要寻找什么和怎么找,但是翁馨当时并没有十分理解,网上关于教育项目的过程报告的资源也相对缺乏,因而翁馨在收集资料的过程中受到了很大的阻力,工作进程迟迟难以开展。为了更好地完成任务,翁馨及时找到部门主任的办公室,在与主管直接面对面沟通后明确了需要搜集的资料和搜集方法。通过有效沟通,翁馨最终出色地完成了任务。

"这一次的实习经历是我人生中一笔非常珍贵的财富。在教科文组织的一线工作当中,我不仅深入理解了教科文组织强调的全纳教育理念,参与了教育项目,而且还收获了宝贵的跨国友谊,在国际舞台上展现出了自信有能力的中国青年形象。"带着这次实习经历的宝贵经验,翁馨继续在人生道路上摸索前行。

原文字作者:浙江大学教育学院微信公众号　翁馨

人物稿修订:高欣(补充采访,整合删改)

无止桥团队:心无境,南北相依;
桥无止,天堑变通途

■ 团队名片

　　浙江大学无止桥团队(以下简称"浙大无止桥团队")是浙江大学建筑工程学院下属社团,由学生主导、自发参与,在香港无止桥慈善基金和浙江大学的支持下义务为国内贫困和偏远的农村设计和修建便桥及村庄设施。浙大无止桥团队始终致力于团队项目的开展和队员自身综合素质的发展,在为西部贫困地区带去温暖的同时,也给有志从事公益事业的学生提供一个发展的平台。

怀济世之心,行公益之事

　　2019 年 8 月 17 日,香港与内地青年聚善连心,广西壮族自治区百色市乐业县中停村项目顺利竣工。该项目由浙江大学、香港科技大学、重庆交通大学三校无止桥团队联合主办,四川大学团队担任观察员,在香港无止桥慈善基金会的指导与赞助下协同完成。浙江大学土木工程专业 2020 级硕士研究生陶冶王之和建筑学专业 2017 级本科生朱怡江参与了广西乐业中停村项目的主体施工,之后他们便火速投入到甘肃王咀村项目的工作筹划中。

　　当谈到自己加入无止桥团队的初心,陶冶王之和朱怡江给出了几乎一致的答案,一方面修桥筑路本就与自身的专业知识相契合,加入团队后更容易帮助项目有效开展;另一方面则来源于两人对西部基础设施建设的种种情怀,渴望为偏远山区带去自己的一份力量和温暖,切实解决当地在交通、生活等方面存在的问题。

　　朱怡江在大一时就参加过面向外来务工人员子女的支教活动,在对西部地区的生活情况有一些了解的同时也产生了更多的好奇,希望能借项目施工的机会亲身感受祖国山河的地域差异,同时在志愿服务活动中实现个人更高的价值。"无止桥项目是在大学生与桥点村民之间建立联系的一个过程,桥是双向的,联系也是双向的,桥点也对团队中的学生造成深远的影响。欠发达不是一个直白的问题,西部地区的需要很复杂,我们能做的太少。我始终相信无止桥项目给双方带来的影响总有一天会有更大的回声。"

筑桥亦是筑梦,修桥更是修心

　　陶冶王之和朱怡江参与的广西中停村项目在较为贫困偏远的西南地区开展。对高校团队来说,跨越较远距离开展调研、施工极为不方便。除此之外,项目还受到桥点附近地形、经济发展水平、村民文化素质等的制约。

项目成员在广西参与贝雷桥拼装

　　广西中停村项目点附近植被覆盖较少,气候干燥,地形曲折陡峭,土质松散。在调研团队前往桥点的途中,路况狭窄陡峭,拖拉机等车辆较难通行,给调研的开展带来极大的不便。狭窄道路两侧和离桥点较近的区域内,均种植了附近村民的农作物,给施工提供的空间较少,施工器具等带往现场也极其不便。交通闭塞带来经济发展水平的落后,广西中停村 2017 年人均收入为 3626 元,条件相对艰苦,村民的整体教育水平较低。

　　但这些客观条件的困难并没有打退村民修桥筑路、发家致富的信心和热情,村干部更是发动广大村民积极配合项目工作,极大地加快了项目总进程。该项目正式动工后,施工需要的桥架由于通行不便,经小卡车运送到村里时已经近晚上6点,村民们在结束一天农忙后大多已回家休息。但一经负责输送物资的队员的动员,村民们二话不说,趿拉着行军鞋来到桥点帮忙卸货。

　　"条件可能会很艰苦,你认为自己能够接受吗?"这个问题就像是一把悬在所有队员头顶的达摩克利斯之剑,也是无止桥历年面试中经常出现的一个问题。动摇往往发生在沟通出现困难的时刻,这是每一个公益项目,甚至每一个工程项目落地前必须面对的问题。朱怡江用曾经听到过的答案作为自己一切活动的旨归——"桥点居民所在地的现实条件对于多数浙大同学来说十分艰苦,这已然是既定事实,那么重要的就不是能否接受,而是能否改变这样的现状,以及如何去改变它。"

路桥有尽,心桥无止

　　在实地修建之前,朱怡江习惯性地给欠发达地区的生活打上一种"水深火热"的标签,一旦真地走进大山,作为策宣组成员在村内拍摄视频素材,人与人之

团队成功完成广西乐业贝雷桥项目搭建

间的那份"看见感"引导她捕捉到了当地人别样的生命力——不论是在广西中停村开展困难户电路修缮时挨家挨户地打招呼，还是与一位普通话比较好的大姐聊天而被强行塞了梨和一把煮熟的栗子。"这里的人们总是在很认真地生活"，这样的认知让朱怡江更能放平心态，去聆听这片土地的声音，去了解这片土地的河流、山林以及人们。

而浙大无止桥团队成员毕业后来到无止桥慈善基金会工作或继续参与相关工作的例子确实不少。对于朱怡江来说，由于毕业后从业选择的不同，她未来未必会与桥梁建设有更深入的交集。但无止桥作为一个具体实在的项目，给她的职业规划带来的影响是广泛而深入的，她通过无止桥对乡土建筑、村落复兴、传统材料这类话题有了更多了解和兴趣。团队中各个专业的同学都有机会在自己的领域对"无止"这个概念产生不同的解读与实践。

在过去多年中，无止桥慈善基金会中多个大学团队已成功完成 40 个项目、2 个村庄建设示范项目、3 个村民中心建设及一系列的民生改善项目。心无境，桥无止。在东西方互通互联的过程中，随着一座座混杂着钢筋混凝土的桥梁拔地而起，承载着爱的心桥也随之建立起来，不为岁月而消磨，却历久而弥坚。

原文字作者：ZJU 无止桥　陶冶王之、朱怡江
人物稿修订：毛俊杰（补充采访，整合删改）

徐凯:四年三任团支书，
他的青春与理想信念结合

■ 人物名片

　　徐凯,浙江大学环境与资源学院农业资源与环境专业2015级本科生,先后担任工科试验班(海洋)1505团支部、农业资源与环境1501团支部书记、浙江大学青年马克思主义者(学生骨干)培养学院活动团支部副书记。所任职团支部分别获得了全国高校共青团活力团支部、浙江省高校共青团活力团支部、连续两届浙江大学五四红旗团支部和先进团支部等荣誉。

　　大一班委的竞选会上,徐凯站上讲台,娓娓道来自己竞选团支书一职的理由与优势。或许,站出来的那刻正是他四年充实又丰富的团支书经历的开头。

挑起担子徐图之

　　进入大学新环境,徐凯勇于挑起团支书担子,一是出于高中三年团支书工作经验带来的信心,二是为了在新环境里锻炼自己,三也是想借这个机会接触更多的同学,为大家服务。

　　相比高中"隐形副班长"的角色,徐凯迅速发现大学的团支书责任明显重要得多。从和老师沟通或帮助管理纪律的作用跳出来,他一方面和班长合作处理班级事务,组织活动,增强班级的凝聚力;另一方面,也努力成为学校、学院与团支部和班级之间的桥梁。"在其位谋其政,任其职尽其责",徐凯认为,作为团支书——这一共青团工作和活动的基本单位的负责人,他有责任扛起思想引领的担子。从发展新团员、管理和教育团员、入党推优到学习微团课、组织红歌大赛，每一次活动的背后，凝聚着徐凯为践行这份责任付出的汗水。

万事开头难，即便是连续两届获得校五四红旗团支部和校先进团支部荣誉的团支部，初成立时也遇到了凝聚力不足的问题。万花筒一般缤纷多样的大学活动里，团支部活动迫切需要在同学心中占据一定分量。

徐凯是个有心人，主动在校团委、学园等网站上寻找，提前了解到每年举行的争创五四红旗团支部活动。他利用国庆假期提前详细写出争创的方案，与团支委、班委商量着完善后，当10月底下发通知时，1505团支部成为行动最快也是方案最完善的团支部。这份积极让当时的辅导员也感到惊诧。借助这股东风，徐凯开展了一系列活动，制定了班级的措施、制度。全班有商有量，大家共同想要实现的目标出现了，在大家都铆足劲儿争创的过程中，团支部的凝聚力也就自然而然地提高了。

青春奋斗凯歌起

从行政班进入专业班级后，徐凯也没有将担子放下。担任行政班团支书工作时探索而得的"妙招"与经验，让他在后续团支书工作中越发得心应手。针对理工科男多女少的典型特征，合理分出学习小组；主动倡议"以党建带团建"，推动党支部每名党员对接一个团支部展开活动；打造支部"家文化"……这些方法仍然被沿用了下来。但进入专业班级后，团支书"更多的工作是和班主任、班长配合，把大家未来要走什么样的路给服务好，指导好"。

进入高年级，大家对于团支部活动的热情有所消退。徐凯努力思考怎样在激发大家参加团支部活动兴趣的同时，保持一定的思想灵敏性，避免团支部活动趋向娱乐化。相比低年级侧重让大家在有趣丰富的团支部活动中成长学习，高年级的活动计划里，徐凯结合大家具体的学习情况，更有针对性地开展活动，力求切合实际需求。于是科研、学习经验分享，保研、就业、出国经验交流等活动陆续开展起来。这些活动既激发了同学兴趣，又融入了思想的引领性，也保证了团工作的严肃性，为获得校先进团支部荣誉打下了基础。

在任团支书期间，徐凯始终践行着服务他人、锻炼自己的竞选初心。这期间大大小小的工作不计其数，虽然他直言挨个罗列很难想起，然而交谈中随意起一个头，他就能娓娓道来。在班级内部，他尝试在特殊的时刻举办活动，比如在六一儿童节组织大家找回童心，在团支部成员生日比较集中的月份和日期举办集体生日，活动轻松，氛围温暖；在校园内，结合学校的要求，他积极组织兼具思想

徐凯和同学一起开展点赞十九大主题团日活动（右一为徐凯）

引领性与趣味性的红歌大赛和党团知识竞赛，广泛动员大家去学红歌，唱红歌，开展知识竞赛抢答；他还组织了以团支部为单位开展的定向越野比赛，比赛过程中还精心融入了校史校情问答的环节，既锻炼了体能又让参与者学到新知识，给大家带来了新奇的体验。一个优秀的团支书与一个优秀的团支部，互相成就，扶摇直上。

青马课堂顾初心

作为青年马克思主义者培养工程里面的一环，与之前的团支书工作中心不同，浙江大学青年马克思主义者（学生骨干）培养学院的活动更强调思想引领性与政治性。"青马是一个校级平台，人员构成与社团组织相似，来自各个年级、各个专业。我当时是大三，思考的比较多的问题是如何去沟通，来更好地凝聚每一位同学。"徐凯主动把自己摆在了服务者的位置上，作为班长与团支部副书记，他没有想着去指挥大家，也没有畏缩着不敢组织活动。

最终徐凯打算从两个方面入手：一是用好本身的制度设计优势，把一整套完善的青马活动团支部相关规章制度给落实到位；二是尽可能使活动契合大家在政治和实践上得到历练的需求，确保每个人都在制度的约束下参与青马的培养活动并得到提升。

徐凯与同学举研究生支教旗帜准备开展支教活动（左二为徐凯）

在一次次活动的组织过程中，徐凯养成了胆大心细、敢做敢闯的工作作风。"真正的工作是无关乎年纪的，只要自己是有想法的，能去做的，做得出来的，那就去做。"慢慢地，包括学长学姐都觉得徐凯做得不错，佩服、支持徐凯的人越来越多。在大家的支持下，工作的开展也逐渐顺利起来。团支部更收获了全国高校共青团活力团支部、浙江省高校共青团活力团支部等荣誉。

从团支书到在校团委青年素质发展中心处理团学工作、在学院团委任挂职副书记等工作，如果把这些肩上责任越来越大的工作比作枝叶，那么进入大学做的第一份学生工作——行政班的团支部书记，就好像根茎。这份工作陪伴着徐凯直到本科毕业，"一方面它确确实实成为我学生工作的一个起点，让我学到很多在学生组织或者说在学院、学校层面可能学习不到的东西；另一方面，这份工作经历也加深了我对团工作的理解，后来我在学院和学校层面做学生工作也好，都有之前团支书工作所留下来的积淀带来的力量。如果研究生阶段仍有机会的话，我会继续把团支书的工作做下去，要在这样一个团的最基层组织里面磨炼自己，同时也服务他人。"徐凯坚定地说道。

原文字作者：游佳为
人物稿修订：张依琳（补充采访，整合删改）

浙江大学研究生支教团：最美支教团，
用青春指路远方

■ 团队名片

　　浙江大学研究生支教团，首批中国青年志愿者扶贫接力计划支教团之一，每年选派具备保送研究生资格、有奉献精神、身心健康的应届本科毕业生，以志愿服务的方式到四川、贵州、云南等中西部贫困地区开展为期一年的支教工作。曾获"镜头中的最美支教团"称号、"全国五四红旗团支部"称号、全国志愿服务项目大赛金奖、浙江省志愿服务项目大赛金奖等。

　　浙江日报曾这样评价浙江大学研究生支教团："年复一年的接力，日复一日的坚守，流过汗，流过泪，留下了幸福，你们用青春照亮了乡村的教室，也照亮了通往远方的路。"浙江大学研究生支教团扎根中西部二十余载，用青春践行家国情怀，用历练诠释责任担当，用汗水和满腔热忱在中西部大地谱写出一曲曲青春之歌。

跨越二十年的承诺

　　1998 年，中国青年志愿者研究生支教团开始组建，1999 年开始派遣，采取自愿报名、公开招募、定期轮换的"志愿＋接力"方式，每年在全国部分重点高校中招募一定数量具备保送研究生资格、有奉献精神、身心健康的应届本科毕业生或在读研究生，到国家中西部贫困地区中小学开展为期一年的支教志愿服务和力所能及的扶贫服务。浙江大学积极响应共青团中央、教育部的号召，于 1999 年成立研究生支教团,开始了浙江大学研究生支教团关于"青春""爱"与"梦想"的故事。

1999 年至今,浙江大学研究生支教团打造了"求是筑巢""暖冬计划""求是圆梦""爱在滇西""求是强师"等品牌公益项目。近年来,浙江大学研究生支教团荣获由共青团中央、光明日报社、中国青年志愿者协会主办评选的"镜头中的最美支教团"称号、"全国五四红旗团支部"称号、全国志愿服务项目大赛金奖、浙江省志愿服务项目大赛金奖等。浙江大学研究生支教团的工作、相关事迹曾多次被新华社、《人民日报》、中央电视台、《中国教育报》、新华网、人民网、浙江电视台、杭州电视台等各级各类媒体进行深入报道,引起了强烈的社会反响。

时至 2020 年,支教团已选派了 22 批 268 名志愿者分赴四川昭觉、贵州湄潭、云南景东、贵州台江等中西部贫困地区开展扶贫支教工作。支教团成员先后任教于近 20 所中小学,教导学生近 10000 人,授课课时近 30 万小时,累计筹募爱心款项 300 余万元、爱心物资价值 1100 余万元,帮助学生 6000 余人次,完成基础设施建设项目 30 余个。

二十年,足以让一个呱呱坠地的婴儿长大成才,也足以让一片贫瘠荒芜的土地焕发新生。二十年,一代又一代的求是人奔赴并扎根在辽阔的祖国西南部,用板书延续希望,拿脚步丈量土地,将理想和青春的种子接力撒下。

用一年不长的时间,做一件终生难忘的事

在 2018 年由浙江省委宣传部、团省委、省教育厅指导,浙江日报报业集团主办,浙江在线新闻网站、钱江晚报共同承办的"最美浙江人·青春领袖"评选活动上,浙江大学研究生支教团经过 5 个月的选拔,最终入选,荣获 2018 年"青春领袖"称号。

浙江大学第 19 届研究生支教团代表陈瑞雪在提到自己一年的支教生活时仍然满心感慨,她说:"我所影响的人,可能只是那个从想要辍学到现在考了班级第六名的孩子,也可能是我教过的 200 多名学生,更可能是每一个听我讲过西部故事的陌生人。我很感谢在贵州台江这一年的支教生活,让我对青年力量更有自信。用一年不长的时间,做一件终生难忘的事,这是我们研究生支教团的口号,更是每一位青年应当肩负起的使命担当,青春之花应该开在祖国最需要的地方。"

在问及支教时终生难忘的一件事时,第 21 届浙江大学研究生支教团团长徐凯思考良久:"在昭觉的支教更多的是细水长流的日子,生活的点点滴滴都刻在

我的心上。"谈到孩子们，他的眼中流过脉脉温情："和孩子们的相处总是让我动容。支教团资助的一个孤儿，父母在她三四岁的时候就去世了，一直跟着爷爷奶奶生活。我以前还担心这个孩子的性格会不会有一些孤僻，但是真正去接触的时候才发现，这个孩子非常的乐观、开朗，她在他们整个年级的成绩都是第一，她有很多的梦想，想做服装设计师、主持人、歌手……这些都让我非常感动。"徐凯任教于万达爱心学校，承担初二年级四个班共 242 名学生的历史教学工作，平均每周 12 课时。在期末考试中，徐凯任教的班级历史平均分较上一学期分别提高3～10 分不等，万达爱心学校初二年级历史平均分、优秀率和及格率历史性跃居全县第一。

研究生支教团与孩子们的合影

浙江大学研究生支教团，从个人到集体，都在用自己的实际行动讲述着"用一年不长的时间，做一件终生难忘的事"的青春故事。

在祖国最需要的地方绽放青春之花

徐凯回忆起自己的支教生活，动容地说道："我在课堂上随口提了一句'老师在这里还没有见过索玛花（杜鹃花的彝语名）'，过了一个周末的周一，我就收到学生们去山上帮我摘过来的索玛花。他们的内心是真的非常感激我们。"

浙江大学研究生支教团的工作恰如漫山遍野的索玛花一般"水蜂岩蝶俱不知，露红凝艳数千枝"。支教当地教学质量显著提升；各式主题班会形式丰富；

2019 年 9 月—2020 年 1 月"暖冬计划"开展，共向昭觉县贫困学生发放羽绒服、棉服、毛呢大衣、保暖内衣等各类冬衣 2160 件，棉裤 780 条，雪地靴 820 双，棉手套 460 双，棉袜 1110 双，床上用品五件套 439 套，床上用品四件套 700 套，棉被 335 套，合计市场价值 975150 元；"求是筑巢"（含"一村一幼"）累计发放各类课桌椅 155 套、书柜 33 套、投影设备 2 套、显示器 1 台、篮球架及配套设施 2 套、各类文具 1320 套、图书 6716 册、冻米糖 7 箱，捐建 1 个学校食堂，合计市场价值 235809.9 元；"千人圆梦"结对资助活动共完成 921 名受资助学生信息的更新，同时新增 191 名待资助学生，预计第 21 届研究生支教团总资助额 80 万元左右；于 2019 年 11 月发起的"爱在彝乡"奖教学金设立计划，截至 2020 年 4 月，已新增设立 8 项校级奖教学金，加上原有 2 项县级奖教学金，每年奖教学金总额已达 65500 元……围绕着教学、育人和助学工作，浙江大学研究生支教团不断守正创新，为四川、贵州、云南等中西部贫困地区带去温暖与希望。

研究生支教团成员为孩子们分发物资

　　"以天下为己任，以真理为依归"是浙大人的初心，浙江大学将家国情怀融入每一位研究生支教团成员的血脉中，让每一位浙大人都立志将个人奋斗与国家发展同频共振。一届又一届的浙江大学研究生支教团成员从前辈的手里接过浙江大学研究生支教团的旗帜，传承这一光荣的使命："浙江大学研究生支教团，在祖国最需要的地方绽放青春之花！"

原文字作者：浙江大学研究生支教团

人物稿修订：黄子涵（整合删改，补充采访）

239

张子凌:"我成了村里的第一位
防疫大学生志愿者"

■ 人物名片

张子凌,浙江大学经济学院金融专业 2018 级本科生。2020 年新冠肺炎疫情期间,在防疫工作人手稀缺的背景下,她主动报名成为新疆裕民县新地南村第一位防疫志愿者,并带领更多年轻人加入志愿团队、引入信息化的管理方式,使防疫工作能更有效率地开展,壮大了志愿者队伍,为保障村民的健康贡献了自己的力量。

2020 年 2 月的一天,在祖国新疆的西北端,"五弦之都"塔城的日出还在酝酿中,张子凌已经起床,提上又大又重的消毒壶,走遍新地乡新地南村的每家每户,防疫工作的一天就这样开始了……每天上午,张子凌都要进行绕村消毒,并挨家挨户给村民配送消毒液。消毒完成后,紧接着到商店按照各家需求,为村民采购所需物资,并进行物资的配送。午饭后,统计村民的当天体温状况,在下午 6 点前上报。下午 7 点左右,她又提上消毒壶,完成当天的最后一遍消毒。

"我成了这里的第一位志愿者"

"2020 年 2 月 5 日我成了这里的第一位志愿者,开始了近一个月的志愿抗疫生活。"张子凌说,起初只是想去陪陪妈妈。

塔城是多民族区域,少数民族数超过 25 个,占总人口的 45%,可谓国际之最。张子凌的母亲作为单位的教研员,在 2019 年 8 月成为驻村人员,驻村下沉工作。

"疫情发生后,当时在跟已经在村里的妈妈通话时,了解到防疫的工作量很大,只有 8 个工作人员,要负责 100 多户村民的防控工作。而且初期村民恐慌情绪也较多,包括妈妈在内的每个工作人员担子都很重。我当时因为疫情取消了去美国交流的项目,在家里也没有其他事,就希望过去做志愿者,帮助分担工作。"就这样,本着想要去陪陪妈妈、分担辛苦的心情,张子凌主动来到了新地南村,成为这里的第一个志愿者。

塔城地处北纬 40 多度,2 月经常是大雪的天气,气温基本在零下 20 多度,积雪往往不能被及时清扫,深度可达一尺,一脚踩下去可以没到小腿。张子凌每次从村里走一遍回来,在雪地里深深浅浅,鞋袜几乎都湿了。

张子凌坦言:"其实每天的工作挺辛苦的。"村子里,留守的老人群体占大多数,志愿工作中一个重要的任务就是帮每家每户采购药品。每个人需要的药品不一样,各种药品名称和相关信息都要核对清楚。而因为疫情原因,很多药店都没有开,或者面临缺药的情况;有的药物因为是处方药,还需要再一个个联系医生开具相关证明,过程繁杂细碎。张子凌现在都记得当时为了购买一种治疗糖尿病的药品,来来回回找了很多地方,从天亮到天黑,有时候一天就这样过去了。

张子凌给村民送蔬菜

当问起别人都在家里隔离,而自己却走家串户心里是否害怕时,她说:"一开始还好,后来听说隔壁师团出现了 4 例病情,村里也有人瞒报了从湖北过来的情况,并出现了发热症状。我突然觉得原来疫情离我这么近,开始有些害怕,家人也让我回家。但是我妈妈还在，其他工作人员也都在，我回去了他们怎么办，然后还是留了下来，该隔离的隔离，该工作的工作，后来，我也就不再害怕了。"

"我想传递浙大学生的一种担当"

疫情暴发后，村里要及时统计并更新村民的每日体温，张子凌的妈妈每天都要挨家挨户地上门去量体温。"我看妈妈很累，就主动接下了这个工作，做了两天之后，发现这样每天上门量体温效率很低。"

这个时候，浙江大学的每日健康打卡也开始了。张子凌发现每次学校的统计流程中，大家每天都只需要填写同一个链接，就可以快速方便地上传当日的健康情况。于是，她决定把这个"浙大经验"运用到村里的每日体温和健康情况统计中。张子凌先是调查了村里村民的智能手机使用情况，发现每家都有智能手机。然后，她尝试了好几个可填写问卷的应用程序，多次实验后，选择使用问卷星来制作上报统计链接，发送给村里的每户人家。"效果很好，每天的数据还能在后台自动生成，这样统计整理的工作也高效了。这个方法还受到了村支书的表扬，发到了所在乡的微信群中，这让我觉得自己也发挥了一个大学生的作用吧！"张子凌谈到这件事情颇有成就感。

张子凌协同驻村工作队整理疫情防范档案

同时,她也带动了越来越多的年轻人加入到志愿工作中。张子凌工作的小视频被发到村民的微信群里,渐渐地村里的一些年轻人也主动要求当志愿者,志愿队伍慢慢壮大起来。

除了成就感,张子凌收获得更多的是温暖。"一位村里的老奶奶,孩子在外地工作,因为疫情原因又无法回家,家里只有她和老伴儿两个人。每次去给他们送物资时,她都会把炸好的馓子、做好的面包一大兜一大兜地塞到我们怀里,并让我们替她带给村里别的工作人员。天气冷了,她看我穿得单薄,还会时常嘱咐我多穿一点。"

"我也想为社会创造出一些价值"

这其实不是张子凌第一次参与志愿工作。在学校里她就是青年志愿者指导中心的成员,在 2019 年的暑假,她就曾投入到志愿者工作中。那时,她在湄潭中学志愿为初三学生进行趣味历史的教学,同时带着 10 个班的她,每天下午都有课,但也乐在其中。她说:"现在和孩子们也还有保持交流。一个初三小男孩儿和我约定,以后要在浙大等他。"

张子凌积极参加志愿活动,离不开父母的言传身教。张子凌一家住在北疆,小时候,父母亲就经常会带着她到几百公里外的南疆支援贫困地区,给经济困难的少数民族家里送去物资;父母亲还会帮助贫困家庭的孩子解决上学问题……这些都在她的心中种下了热心公益的种子。

2020 年疫情期间,"全国大学生同上一堂疫情防控思政大课"直播时,他们全家一起观看。张子凌说,里面有一位老师提到,当代青年人不能只专注于享受自己的"小确幸"。当时她就想,自己利用一些课余时间也算是为社会创造了一些价值吧。

"在我成长的过程中总能听到有人说 90 后、00 后就是温室里娇养的花朵,没有担当,经不起风雨。但是在这场疫情中可以看到有太多的 90 后、00 后成为奋勇向前的民族保卫者,我做的和冲往一线的青年人相比微不足道,他们更令我敬佩!"她说:"如果用一句话总结我对这次疫情的感想,那就是'生在种花家,何其有幸'!"

原文字记者:浙江大学新闻办　杨金
人物稿修订:罗田(根据原稿删改)

243

章成之：用真心发光发热，
做学生利益的忠实代言人

■ 人物名片

　　章成之，浙江大学人文学院汉语言文学专业2013级本科生，公共管理学院行政管理专业2018级硕士研究生，浙江省第十四次党代会代表。本科期间，曾担任浙江省学生联合会主席、浙江大学学生会主席，曾获浙江大学优秀学生干部、浙江大学五星级志愿者等荣誉称号。本科毕业后加入浙江大学第19届研究生支教团。

　　本科毕业时，在学生会工作四年的章成之被问及最开始加入学生会的初心，他是这样回答的："一直觉得学生会可以在一定程度上代表同学利益，希望能在这个平台上为同学们服务。"这份纯粹而赤诚的初心就这样坚持了四年，成为他大学时光中最深的烙印。

真心服务，始终和同学站在一起

　　加入学生组织是很多新生对大学的重要期待，章成之刚进入大学时也和很多新生一样，选择进入学生会服务同学、锻炼自己。

　　刚进入学生会时，大一的章成之是一个对学生工作很不熟悉的小白，跟着学长学姐吸收学习着崭新的一切。在举办一次活动的时候，当时作为公关部部委员的他在晚上给一个赞助商发了一份活动策划，而令人意外的是那家企业在回复邮件中竟然对策划案的不足之处做了诸多批注，还细致地给了很多建议。这让章成之深受触动，他说，一家企业对待普通的学生拉赞助都能如此用心，他也应当更加认真严肃地对待他身上肩负的任何事情。从那时起他就相信,学生会的经历不是一个写在简历上的标签,而是一份事业和责任,需要付出更大的热情,格外用心地对待。

每周一次的例会、大大小小的活动,章成之在一点一点完成学生会琐碎工作的过程中成长起来,勤恳的态度和踏实的作风让他顺利当选学生会主席助理。更加近距离接触学生会的工作后,章成之继续思考学生会到底如何更加贴近同学。在他看来,学生会的初衷是代表学生自己的利益和学校沟通,如果只是成为学校的一个挂名组织,和最根本的学生本身脱节,就没办法发挥真正的作用。因此,章成之从为同学们服务的本心出发,建设性地提出新方案,开始创办"浙言"编辑组。"浙言"从零开始,章成之从每个部门选出文笔较好、思想深刻的同学,培训他们做好新闻采写,编写内训手册、工作条例,引领着一群人打造了这个日益成熟的团队。

"浙言"的初衷是希望学生会能够代表浙大青年发出声音,更好地为同学说话,进而发挥学生会思想引领的作用。"大家都会提出自己感兴趣的选题,认为有意思的话就去做一下。"2016 年"堕落街"因装修问题要和同学们暂别半年,"浙言"编辑部当时采访了很多"堕落街"的店主和浙大的同学,就店家的运营及其与同学们的关系等问题进行了深入的挖掘,形成了一篇同学们真正关心的报道。诸如此类的文章还有很多,利用学生会的平台和资源,"浙言"努力做到充分挖掘身边的好声音、好故事、好人物、好现象,努力做出有思想、有灵魂、有深度、有温度的新闻,将同学们的心声表达出来。

服务的满足感可以抵消一切疲惫

到了大三,章成之已经成了学生会中有经验的"老人",他的能力和付出都被大家看在眼里。于是 2016 年,章成之受到同学们的一致推举成功当选浙江大学学生会主席。

作为学生会主席,章成之面临着更重的任务和更大的压力。回忆起筹备新年狂欢夜的过程,当时筹备时间紧、整体任务重,所有事项都会归到他这里。在那些深夜里,他和主席团、部长团一同讨论方案、修改材料、安排分工、分配任务、联系部门、做好落实,一刻不停。有时大家在办公室待得晚了,就简单休息一下后去买早饭,再开启新的一天。而即便是最为寻常的工作日,他也往往会在早晨上班时间到达紫金港校区的小剧场,工作至深夜回到西溪校区。

当被问及是否曾有过一刻坚持不住的时候,他回答道:"团队的负责人都要学会管理自己的情绪,作为学生的服务者必须怀着一腔热忱干好每一件事,不能轻易被压力所影响。"

当新年零点的钟声敲响,同学们在绚烂的舞台下说着笑着,互相祝福展望新年,精致的舞台、精彩的节目让新年第一天的紫金港熠熠生辉时,后台的章成之和他的团队看到节目流程顺利完成,每一个环节都恰好合拍,才终于松下一口气。这一刻,灿烂灯光下映照着的同学们的欢乐笑脸,让章成之真正感受到了服务同学、创造价值的成就感和满足感,之前的辛苦也都因为此刻的氛围而变得充满意义。从服务同学们的初心出发,在学生会的工作中获得的价值感又使得这份初心在章成之心中更加的坚定。

章成之支教时和小朋友聊天

从服务同学,到服务社会

在学生会期间,章成之从没有把自己当成一个"干部",而是一个踏踏实实的服务者。四年的学生会工作中日日夜夜流下的汗水、见证的笑容和泪水都使得这种奉献和服务的气质深深刻在了章成之身上。

在浙大求学的第一年,章成之就随着学长学姐来到井冈山开展社会实践。那时起,他就决心:"要尽己所能帮助贫困地区,积极做好公益志愿服务,帮助更多有需要的人。"四年来,他始终没有忘记这份初心,从养老院到乡村小学,从献血站到G20峰会,他累计参与志愿活动80余次,直接服务超过2500人,获得了浙江大学五星级志愿者称号。

2017年5月,章成之当选为浙江省第十四次党代会代表,向全省青年学生发出"到西部去"的倡议。党代表的身份是一份责任,也让他更加坚定了服务西部、投身基层的理想,他说:"我们要从社会主义建设的见证者转变为推动者,把个人的命运同时代、民族和国家的命运紧密相连,这才是对青春最有意义的注脚!"本科毕业后,他没有过多的犹豫,选择来到贵州省黔东南苗族侗族自治州台江县做一名支教老师。"祖国和人民最需要的地方,才是最应该奉献青春的地方。"他始终把这句话铭记于心。

章成之担任浙江省第十四次党代会代表

"青春的列车一往无前,在哪里停靠,就在哪里收获。"一路走来,他把青春之花绽放在祖国最需要的土地上,将其沉淀为沃土,让希望发芽,不断谱写当代大学生追求中国梦的华章。

原文字作者:人民网　秦佳陆、熊旭

图片来源:人民网

人物稿修订:李坤(补充采访,整合删改)

后　记

　　"青年一代有理想、有本领、有担当，国家就有前途，民族就有希望。"党的十九大报告中，习近平总书记对青年一代寄予了殷切期望。百年校府，国之成均天地钟灵；启而求真，求是学子风华正茂。在启真湖畔广袤的蓝天下，遇见梦想，启发鸿鹄之志；在大讲堂前希望的沃土上，耕耘不辍，引领弘毅之行。回望百年历程，过往岁月中闪烁的浙大人与传奇故事依旧鲜活。立于战乱，几度易名，"文军长征"辗转千里，投笔从戎上阵卫国。

　　一代人有一代人的使命，一代人有一代人的担当。中国共产党迎来百年华诞之际，全面建设社会主义现代化国家新征程也即将开启。新时代，新征程，站在"两个一百年"历史交汇点的求是青年生逢其时：如何经受"百年变局"的"新考验"，交出"透析世事之变，建言安邦之策"的"新答卷"，是崇高的荣光与时代的使命。为讲好当代浙大学子的故事，于细微处生动勾画"求是青年"的风貌，浙江大学团委启动了《求是青年范儿》的编写工作。本书的书名"求是青年范儿"，既是对浙大"求是"校训的传承，也是对竺校长百年前"求是二问"的回答。本书所记录的浙大学子，或醉心学术，或敢闯敢做，或才华横溢，或踏实奉献，呈现了当代求是青年广阔的精神世界，展示了百年浙大的恢弘格局。

　　2020年6月编写工作启动以来，校团委多次就书稿的编写提纲、总体框架进行研讨，邀请有关老师就书稿初稿与修改稿进行审读，确保编写质量。

　　本书由梁艳主持编写，吴维东、叶盛珺、吴雅兰负责审稿，潘林晓、阮惠颖负责统稿，姜美成、杨旭华负责封面设计，姚冰欣、毛若男做了大量协调工作。党委宣传部下设学生组织浙江大学校报学生记者团微讯社，校团委下设学生组织新青年传媒、青年媒体中心成员负责采访撰写。

　　在本书编撰过程中，浙江大学党委宣传部、浙江大学出版社相关老师对文稿的审读做了大量的工作，给予了大力的支持，在此表示衷心感谢。

编者

2021年11月